만화 수학교과서

초등 4학년

77개 핵심 질문과 개념
4학년 수학 완전 정복!

만화 수학교과서

전국수학교사모임 초등수학사전팀 원작
최수일 신동호 김선 글 / 김석 그림

 **만화 수학교과서는 이런 책입니다**

개념학습, '수포자'를 구하다

    수학 학습에서의 개념은 수학의 본질적 구조인 정의(定義)와 정리(定理), 그 자체와 그것을 둘러싼 연결 관계를 통칭하는 것입니다. 정의는 초등학교와 중학교에서는 약속이나 뜻으로 표현되며, 정리는 정의나 이전의 다른 사실에서 만들어지는 새로운 사실로, 공식이나 성질, 법칙, 명제 등을 말합니다. 가장 핵심 개념이라고 할 수 있는 정의와 거기에서 파생되는 정리를 유도 또는 설명하는 것이 개념학습의 중요한 대상입니다. 그리고 이 개념들 사이의 연결 관계를 파악하는 것 역시 아주 중요한 개념학습입니다. 개념학습은 교과서의 수학 개념을 충분히 이해하는 것입니다. 개념을 충분히 이해하지 않은 상태에서 문제를 풀면 결국 부족한 부분에서 걸리고 맙니다. 그리고 이때 해답지를 보며 절차적인 방법으로 문제를 해결하고 나면 이후 개념에 대한 정확한 이해를 심리적으로 포기하게 됩니다. 그런데 초등수학의 개념은 중·고등학교 수학 개념의 바탕이 되고, 수능 문제 역시 초등학교에서 배운 수학 개념이 몸에 배었다는 전제하에 출제되기 때문에 매우 중요합니다. 지금 당장 문제가 풀린다고 개념을 제대로 이해하지 않고 넘기면 고등학교에 가서 와르르 무너지고 맙니다. 고3 학생의 60퍼센트가 '수포자'인 현실이 이를 잘 설명해 줍니다.

개념학습을 하면 이렇게 변합니다

첫째, 개념 사이의 연결 능력(논리적 사고력)이 향상됩니다.
둘째, 새로운 과제를 해결할 수 있는 응용 능력이 생깁니다.
셋째, 개념적으로 이해한 지식은 기억하기 쉽기 때문에 장기 기억으로 저장됩니다.
넷째, 수학에 대한 내적 동기가 유발되므로 수학을 좋아하게 됩니다.

만화로 읽는 초등수학의 모든 것

개념학습을 적용해 많은 학부모님과 선생님에게 사랑을 받는 『개념연결 초등수학사전』은 초등학생이 가장 빈번하게 질문하고, 중요한 초등수학 개념 134개를 다루고 있습니다. 초등수학 개념 중 고민해야 할 질문은 모두 다루지만 사전의 특성상 교과서의 일부 내용이 빠지고 교과서 진도와 무관하게 편성된 부분이 있습니다. 그래서 교과서에는 있는데 사전에 없는 내용을 질문해 오는 학생도 있었고, 교과서 내용 모두를 담은 개념 중심의 교과서를 출간해 달라는 요청도 많았습니다.

『개념연결 만화 수학교과서』는 이런 점을 보충하기 위해 개념의 연결성은 유지하되 교과서에서 빠진 내용이 없도록 구성하고, 모든 순서를 교과서에 맞추었습니다. 이제 학교 수업과 조화를 이루며 공부할 수 있게 된 것이지요. 매일 학교 수학 수업에서 배운 개념을 이 책을 통해 다양한 시각에서 복습하면 수학 개념을 보다 충분히 이해할 수 있을 것입니다.

일상에 숨어 있는 수학을 발견한다

『개념연결 만화 수학교과서』는 일상에서 아이들끼리 혹은 최 박사와의 대화를 통해 아이 스스로 수학 개념의 의미를 발견하고 이해해 가는 내용의 만화로 시작합니다. 이를 통해 아이들은 수학이 교과서나 문제집에서만 보는 죽은 지식이 아니고, 일상에서 나누는 대화 속에 수학의 지혜가 살아 숨 쉬고 있음을 느끼게 될 것입니다. 아이들이 생활 속에서 수학적 민감성을 키울 수 있다면 이것은 축복입니다. 그리고 수학적 민감성은 저절로 수학에 대한 호감으로 바뀔 것입니다. 일상에서 수학적 민감성을 키울 수 있는 기회가 만화 속에 다양하게 제시되므로 부모님들도 생활 속에서 아이와 수학적인 대화를 다루는 예시로 삼을 수 있습니다. 그리고 만화는 이해 속도를 아이들의 수준으로 늦춤으로써 자기만의 눈높이에서 수학 개념을 바라볼 수 있도록 기다려 주는 특성이 있습니다. 아이 스스로 수학의 개념을 발견하는 기쁨을 줄 것입니다.

수다로 풀어 쓴 개념 중심의 해설

만화를 읽은 후 만화에서 발견한 수학 개념에 대한 해설이 최 박사와의 문답을 통해 자세히 제시됩니다. 책을 읽는 아이가 궁금한 개념을 최 박사에게 직접 질문하는 체험을 할 수 있도록 구성했습니다. 생생한 수다를 통해 개념이 자연스레 몸에 배어들 것입니다. 질문이 오가는 중에 개념을 자신의 것으로 만들어 다른 개념과 서로 연결해 보면 많은 개념이 연결되는 효과도 누릴 수 있습니다. 개념을 다질 수 있는 문제를 풀어 보는 것도 잊지 말기 바랍니다. 개념을 잘 읽고 이해했다면 어렵지 않게 풀 수 있을 것입니다.

초등 4학년에게 필요한 것은?

초등학교 4학년은 자연수에 관한 모든 연산이 완성되는 시기라고 볼 수 있습니다. 다만 혼합 계산은 5학년으로 이동했습니다. 아울러 분수와 소수의 연산이 시작되는데 아직은 분모가 다른 상황은 다루지 않고 분모가 같은 분수끼리만 연산을 합니다.

도형과 측정 영역에서는 각을 측정하는 작업이 정교해지고, 학생들이 어려워하는 도형의 이동이 나옵니다. 특히 뒤집고 돌리는 등 이중으로 연결되는 작업을 다룸으로써 이를 순차적으로 해결하는 지혜를 얻을 수 있습니다.

그래프로는 막대그래프와 꺾은선그래프를 다루는데, 각각의 그래프와 더불어 필요에 따라 두 그래프 중 적절한 것을 선택하는 과정을 겪으며 다양한 사고 능력을 기르게 됩니다.

2018년 12월
저자를 대표하여 최수일 씀

차례

○ 4학년 1학기

4학년 2학기

만화 수학교과서 사용설명서

내비게이션

교과서의 단원명을 표시했어요. 복습이 필요할 때 이 부분을 보고 교과서에서 해당 단원을 찾아보세요.

주제어

학습 내용이에요. 학습 내용은 곧 학습 주제예요. 개념의 흐름과 연결 관계를 파악해 보세요.

대표 질문

초등학교 4학년 학생들이 가장 어려워하는 질문 77개를 모았어요. 수학 공부를 하면서 생기는 질문, 문제를 푸는 상황에서 바로 나올 수 있는 구체적인 질문들이에요. 자신의 질문과 비교해 보며 읽어 보세요.

만화

수학에 대한 호기심과 흥미를 유발하기 위해 학습 내용을 재미있는 만화로 표현했어요. 열린 마음으로 수학과 마주해 보세요.

똑똑한 개념 정리

학습한 내용을 알아보기 쉽게 한 줄로 정리했어요. 만화를 읽고 난 후, 자신의 생각과 비교하며 개념을 정리해 보세요.

개념이 연결되는 수학 수다

학습 내용을 보다 자세하게 풀어 썼어요. 만화 속 캐릭터들이 던지는 추가 질문과 해설을 통해 개념에 깊이 있게 접근할 수 있어요. 꼼꼼히 읽고, 개념을 자신의 것으로 만들어 서로 연결해 보세요.

덤

본문 내용이나 설명 중에 보충 설명을 필요로 하는 전문 용어나 수학 개념을 설명하고 있어요. 처음 볼 때는 꼭 읽지 않고 건너뛰어도 된답니다.

도전! 개념 활용

학습한 개념을 다질 수 있도록 학습 주제와 관련한 문제를 실었어요. 개념을 잘 읽고 이해했다면 어렵지 않게 풀 수 있을 거예요.

 개념이 연결되는 수학 수다

"전체에 대한 부분을 나타낼 때만 분수를 사용해요?"

분수는 여러 가지 의미를 가지고 있어요.

우선 우리가 가장 쉽게 떠올리는 분수의 의미로는 전체에 대한 부분이 있지요.

예를 들어, 피자 1판을 8조각으로 나눈 것 중 3조각을 $\frac{3}{8}$으로 나타내지요.

> ● 분수의 의미
> 분수의 의미를 생각해 보면 크기 비교, 연산에서 나타나는 여러 실수를 줄일 수 있어요.

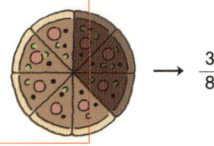 → $\frac{3}{8}$

또 1시간 중 20분은 $\frac{20}{60}$으로 나타내요.

이 밖에 분수는 자연수의 얼마만큼인지 양을 알아볼 때도 사용돼요. 즉, 12개의 $\frac{1}{3}$만큼을 나타낼 때 분수를 사용하지요.

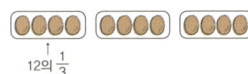
12의 $\frac{1}{3}$

분수는 (자연수) ÷ (자연수)에서 나눗셈의 몫을 나타내기도 하고, 기준값에 대한 비교하는 양을 나타내기도 하는데, 이런 의미로 분수를 사용하고 문제를 해결하는 방법은 5학년, 6학년에서 공부하게 된답니다.

 도전! 개념 활용

> 3시간 동안 책을 읽었는데 그중 50분 동안 동시집을 읽었어요. 동시집을 읽은 시간을 분수로 나타내어 보세요.

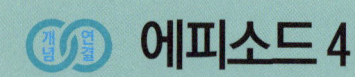

수학을 요리하자!

요 녀석들, 수학 공부 좀 시켜 볼까?

흠~요 너석들 봐라?

너희들 앞 소쿠리에서 고구마 좀 갖다 줄래?

난 국자 때문에 움직일 수가 없네.

그래. 몇 개?

몇 개 있는데?

3개하고 반 개… $3\frac{1}{2}$개가 있어!

뭐라고?!

그걸 어떻게 줘! 분수를 계산하란 말이야?

흠…

흠. 그럼 $\frac{3}{2}$개만 줘 봐!

곰곰이 생각해 봐.

툭!

고구마 1개를 전부 $\frac{1}{2}$개로 나눠 보자.

이렇게요?

마찬가지로 $\frac{3}{2}$은 $1\frac{1}{2}$이니까

자연수는 자연수끼리, 분수는 분수끼리 뺄 수도 있어요.

$$3\frac{1}{2}-1\frac{1}{2}=2-0=2$$

고구마 3개 하고도 반 개에서

1개하고도 반 개를 뺀 거죠!

맞았어!

어이구, 수학 천재들 나셨네!

궁시렁 궁시렁

쳇! 골탕 좀 먹이려고 했더니!

아하하~! 그럼 잘 먹겠습니다~!

102030

이게 뭐야!

맛없어!

웩!

난 수학은 잘하지만

요리는 젬병이라고!

4학년 1학기

1학기에는 무엇을 배우나요?

4학년 1학기		
단원 및 영역	**주제**	**공부할 내용**
1. 큰 수 수와 연산	• 다섯 자리 이상의 수 이해하기 • 큰 수의 크기 비교하기	1. 10000을 이해하고 쓰고 읽는다. 2. 다섯 자리 수를 이해하고 쓰고 읽는다. 3. 십만, 백만, 천만 단위의 수를 쓰고 읽는다. 4. 억부터 천조 단위까지의 수를 이해하고 쓰고 읽는다. 5. 큰 수 단위의 뛰어 세기를 한다. 6. 큰 수의 크기를 비교한다.
2. 각도 도형과 측정	• 도형의 기초 이해하기 • 각도 측정하기 • 각 그리기 • 각도의 합과 차 구하기	1. 각의 크기를 비교한다. 2. 각도의 단위인 도(°)를 알고, 각도기를 이용하여 각의 크기를 측정한다. 3. 크기가 주어진 각을 그린다. 4. 직각과 비교하여 예각과 둔각을 구별한다. 5. 각도를 어림하고 각도기로 재어 확인한다. 6. 각도의 합과 차를 구한다. 7. 삼각형의 세 각의 크기의 합이 180°임을 안다. 8. 사각형의 네 각의 크기의 합이 360°임을 안다.
3. 곱셈과 나눗셈 수와 연산	• 자연수의 곱셈과 나눗셈하기 • 곱셈의 계산 원리와 방법 이해하기	1. (세 자리 수)×(몇십), (세 자리 수)×(두 자리 수)의 계산 원리와 방법을 이해하고 계산한다. 2. (몇백 몇십)÷(몇십), (두 자리 수)÷(몇십), (세 자리 수)÷(몇십)의 계산 원리와 방법을 이해하고 몫을 구한다. 3. 몫이 한 자리 수인 (두 자리 수)÷(두 자리 수), (세 자리 수)÷(두 자리 수)의 계산 원리와 방법을 이해하고 몫을 구한다.

4학년 1학기		
단원 및 영역	주제	공부할 내용
3. 곱셈과 나눗셈 수와 연산	• 나눗셈의 계산 원리와 방법 이해하기 • 나눗셈의 몫과 나머지 구하기	4. 몫이 두 자리 수이고 나누어떨어지는 (세 자리 수)÷(두 자리 수)의 계산 원리와 방법을 이해하고 몫을 구한다. 5. 몫이 두 자리 수이고 나머지가 있는 (세 자리 수)÷(두 자리 수)의 계산 원리와 방법을 이해하고 몫을 구한다. 6. (세 자리 수)÷(두 자리 수)의 몫과 나머지를 구하고 결과를 확인한다.
4. 평면도형의 이동 도형과 측정	• 평면도형 이동하기 • 규칙적인 무늬 꾸미기	1. 구체물이나 평면도형을 여러 방향으로 미는 활동을 통하여 그 변화를 이해하고, 이동 후의 모양과 이동 과정을 표현한다. 2. 구체물이나 평면도형을 여러 방향으로 뒤집는 활동을 통하여 그 변화를 이해하고, 이동 후의 모양과 이동 과정을 표현한다. 3. 구체물이나 평면도형을 여러 방향으로 돌리는 활동을 통하여 그 변화를 이해하고, 이동 후의 모양과 이동 과정을 표현한다. 4. 구체물이나 평면도형을 여러 방향으로 뒤집고 돌리는 활동을 통하여 그 변화를 이해하고, 이동 후의 모양과 이동 과정을 표현한다. 5. 구체물이나 평면도형의 이동을 이용하여 규칙적인 무늬를 꾸밀 수 있다.
5. 막대그래프 자료와 가능성	• 막대그래프의 의미 이해하기 • 막대그래프 그리기	1. 막대그래프로 나타낸 자료를 보고 막대그래프의 특징을 이해한다. 2. 막대그래프를 보고 여러 가지 통계적 사실을 안다. 3. 막대그래프의 의미와 그리는 방법을 안다. 4. 생활 속에서 자료를 수집하여 막대그래프로 그린다. 5. 생활 속 자료를 나타낸 막대그래프를 보고 의사 결정을 한다.
6. 규칙 찾기 변화와 관계	• 규칙을 수나 식으로 나타내기 • 규칙을 찾아 설명하기	1. 수 배열표나 생활 속에서 변화하는 수의 규칙을 찾고 설명한다. 2. 계산 도구를 이용하여 수의 규칙을 찾고 설명한다. 3. 도형이나 생활 속에서 변화하는 모양의 규칙을 찾고 설명한다. 4. 계산식(덧셈, 뺄셈, 곱셈, 나눗셈)의 배열에서 규칙을 찾아본다. 5. 계산 도구를 이용하여 계산식(덧셈, 뺄셈, 곱셈, 나눗셈)의 배열에서 규칙을 추측하고 찾아본다. 6. 계산 도구를 이용하여 규칙적인 계산식을 만들고 설명한다.

9784639137146176을 어떻게 읽죠?

 **큰 수는 일의 자리부터 네 자리씩 끊어 표시한 후 읽어요.**

〈정답〉 9784639137146①②1③476

 "수를 기록하는 방법은 모두 자릿값을 사용하는 거예요?"

그렇지 않습니다.

숫자나 문자로 수를 기록하는 방법을 '기수법'이라고 해요. 오늘날 전 세계적으로 사용하고 있는 기수법은 '10진기수법'이에요.

기수법에는 단순 기수법, 승법적 기수법, 위치 기수법 등이 있어요. 대표적인 단순 기수법으로 고대 로마 숫자가 있지요. 로마 숫자는 I을 1로 정한 후 2는 I을 2개 나열해 II로 나타내고 마찬가지로 3은 III으로 나타내는 방법이에요. 5나 10은 IIIII, IIIIIIIIII 대신 각각 V, X으로 나타내기 때문에 쓰기도 편하고 한눈에 알아보기도 쉽답니다.

승법적 기수법은 단순 기수법이 발전된 방법으로, 한문 숫자가 대표적이에요. 일(一), 이(二), 삼(三), 사(四), 오(五), 육(六), 칠(七), 팔(八), 구(九)와 같이 1부터 9까지의 기호를 만들고, 십(十), 백(百), 천(千), 만(萬) 등은 새로운 기호로 나타내지요. 이렇게 하면 321을 三百二十一(삼백이십일)이라고 쓰게 됩니다.

위치 기수법은 우리가 널리 사용하고 있는 인도-아라비아 기수법인데 10을 기준으로 하는 10진법이에요. 인도-아라비아 기수법에서는 같은 숫자도 '자리'에 따라 값이 달라져요. 즉, 자릿값에 따라 수의 크기가 달라지는 것이지요. 예를 들면, 똑같은 숫자 2가 2번 쓰인 22에서 첫 번째 2와 두 번째 2의 값이 다릅니다. 십의 자리에 쓰인 2는 20을 나타내지만, 일의 자리에 쓰인 2는 2를 뜻하지요.

로마 숫자	한자	인도-아라비아 숫자
III	三	3
X X X	三十	30

 도전! 개념 활용

9784639137146121213476에서 천의 자리와 십만의 자리에 ○ 해 보세요.

왜 세 자리마다 쉼표를 찍나요?

 **세계 대부분의 나라에서는 큰 수에 세 자리마다 쉼표를 찍어요.**

〈정답〉 구백팔십칠조 육천오백사십삼억 이천백이십삼만 사천오백육십칠

 "1원짜리 동전도 있어요?"

과거에는 있었지만 현재는 사용하지 않아요. 생활에서 돈을 셀 때 1원이나 5원은 거의 활용되지 않아요. 1원짜리 동전은 1983년부터 사라졌어요.

> ● 큰 수를 읽는 방법
> 큰 수를 잘 읽기 위해서는 일의 자리부터 4개의 숫자를 묶고 끊어 읽는 연습을 통해 큰 수에 익숙해져야 해요.

현금 계산을 할 때 10원 단위가 현실적으로 가장 작은 단위가 되었답니다.

"큰 금액을 읽을 때 꼭 큰 수를 사용해야 해요?"

그렇지 않아요. 일상생활에서는, 예를 들어 200만 원, 37억 등 자릿값의 작은 단위는 숫자로 쓰지 않고 생략해서 읽고 써요. 큰 수를 나타낼 때 '조'보다 큰 단위로 경, 해, 자, 양 등도 있는데 일상생활에서는 잘 사용하지 않지요. 억이나 조 등 큰 단위의 수를 읽기가 어려울 때는 일의 자리부터 네 자리씩 나누어 구분한 다음, 왼쪽부터 4개의 수를 천, 백, 십, 일에 맞게 읽은 후 조, 억, 만을 붙여 읽는 연습을 해 보세요. 예를 들면 999987654321을 읽을 때 9999/8765/4321과 같이 일의 자리부터 네 자리씩 끊고, 왼쪽부터 한 묶음씩 수를 읽는 거예요. 이때 구천구백구십구'억' 팔천칠백육십오'만' 사천삼백이십일처럼 각각의 묶음 뒤에 조, 억, 만을 붙여 읽으면 된답니다.

익숙해질 때까지 아래의 숫자표를 이용하여 연습해 보세요.

천	백	십		천	백	십		천	백	십		천	백	십	
		조				억				만					

 도전! 개념 활용

987654321234567을 읽어 보세요.

1000원과 10000원이 있으면 천만 원 아닌가요?

하하. 친구를 놀라게 하면 쓰나.

왜요! 1000원과 10000원이면 천만 원 맞잖아요…?

우리가 사용하는 숫자는 위치에 따라 값이 달라진단다.

111
100 10 1

흠….

111 = 100 + 10 + 1

같은 숫자 1이지만 3개의 1은 모두 다른 값이지.

12345로 연습을 해 보자. 덧셈식으로 나타내어 보겠니?

12345

12345 =
10000 +
2000 + 300
+ 40 + 5죠.

그렇지! 돈으로 생각해 보면?

12345 = 10000 + 2000 + 300 + 40 + 5

음, 이렇게 되겠네요.

그럼 1000원짜리 1장하고 10000원짜리 1장을 똑같이 나타내어 보면?

11000 = 10000 + 1000

앗!

11000원이네요! 만 천 원!

천만 원이 아니었어…?!

참고로 천만 원은 이렇게 써. 10000000원.

11000원과는 많이 다르네요!

아까 준 천만 원 돌려줘!

장난할래!

10000000원

10000

1000

같은 숫자여도 자릿값에 따라 수의 크기가 달라져요.

〈정답〉 (1) 19530000 (2) 200(장)

"몇십만, 몇백만, 몇천만은 10000이 몇 개인 수로 나타낼 수 있어요."

맞아요. 10000원짜리 지폐를 생각해 봅시다. 10만 원은 10000원짜리 지폐가 10장 있는 것이에요. 100만 원은 10000원짜리 지폐가 100장 있는 것이지요. 마찬가지로 1000만 원은 10000원짜리 지폐가 1000장 있는 것이에요.

큰 수는 우리의 생활 많은 곳에 쓰이지요. 그렇다 보니 2009년 6월 23일부터는 50000원권이 발행되기 시작했답니다. 10만 원은 10000원짜리로는 10장과 같지만 50000원짜리 지폐로는 2장이면 충분하지요.

또한 우리나라 돈 50000원권에는 신사임당이 그려져 있고, 10000원권에는 세종대왕, 5000원권에는 율곡 이이, 1000원권에는 퇴계 이황이 그려져 있답니다.

● 큰 수 정확히 읽기
몇십만, 몇백만, 몇천만의 수는 우리 주변에서 많이 사용되는 만큼, 정확히 읽기 위해 연습해야 하지요.

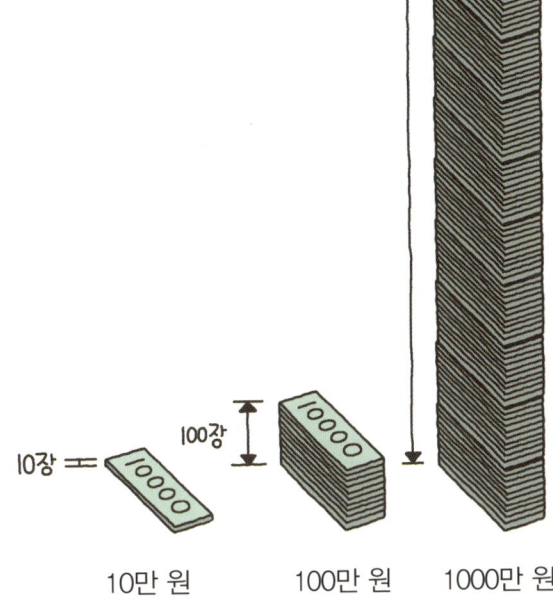

1000장

100장

10장

10만 원　　　100만 원　　　1000만 원

도전! 개념 활용

(1) 설명하는 수가 얼마인지 써 보세요.

1만이 3개, 10만이 5개, 100만이 19개인 수

(2) 1000만 원은 50000원권 지폐로는 몇 장이 될까요?

11111보다 9999가 큰 수 아닌가요?

(문제) ○안에 >, =, < 를 알맞게 써 넣으시오.

11111 ○ 9999

1보다 큰 수인 9가 더 많은 쪽이 더 큰 수 아닌가?

박사님, 당연히 11111보다 9999가 더 큰 수죠?

너무 쉬워요

쉬워 보여도 꼼꼼히 따져 봐야겠지?

11111과 9999의 숫자를 자릿값에 맞춰 써 보자.

만의 자리	천의 자리	백의 자리	십의 자리	일의 자리
1	1	1	1	1

9999도 한번 해 볼래? · · ·

음, 9999는 만의 자리에 맞는 숫자가 없어요. 그래도 9가 많은걸요.

만의 자리	천의 자리	백의 자리	십의 자리	일의 자리
	9	9	9	9

음….

그럼 이번엔 덧셈식으로 알아볼까? 두 수를 비교해 보자.

11111 = 10000 + 1000 + 100 + 10 + 1
9999 = 　　　　 9000 + 900 + 90 + 9

아해! 알 것 같아요! 자릿수가 많은 쪽이 커요.

그래. 자릿수가 다르면 자릿수가 많은 쪽이 큰 수야.

자릿수가 같으면

높은 자리부터 비교하면 되고요.

여기서 기습 문제! 13231과 12589는 어느 게 더 큰 수일까?

높은 자리부터 비교해 보니 천의 자리가 더 커요!

13231　12589

탁!

수의 크기는 자릿수부터 비교하고, 자릿수가 같으면 높은 자리부터 비교해요.

 "왜 인도-아라비아 숫자라고 하나요?"

우리가 사용하는 인도-아라비아 숫자는 인도 지역에서 생겨났어요. 인도인들은 셈(계산)에 밝아 그 시기에 이미 오늘날 수 계산의 기초 개념인 자릿수, 진법 등을 사용했지요. 그런데 이걸 이용하고 전파시킨 건 아라비아인이었어요. 다른 나라와 물건 사고파는 일을 많이 했던 터라 숫자와 편리한 계산 방법이 필요했거든요.

 "인도-아라비아 숫자는 어떤 특징이 있어요?"

인도-아라비아 기수법(수를 적는 방법)은 여러 가지 특징을 보여 줘요. 먼저, 10을 기준으로 합니다. 또 0을 나타내는 숫자가 있으며 기수로 0, 1, 2, 3, 4, 5, 6, 7, 8, 9가 있어요. 기수는 수를 나타내는 데 기초가 되는 수를 말해요.

그리고 자릿수와 관련된 특징으로, 왼쪽으로 한 자리씩 자릿수가 변할 때마다 10배씩 큰 수가 돼요. 100은 10의 10배, 10은 1의 10배가 되지요.

천의자리	백의자리	십의자리	일의자리
1	1	1	1

10배 10배 10배

그 밖에도 한자나 다른 기수법에 비해 계산하기 편하다는 장점이 있어요. 실제 우리는 계산기가 없어도 종이와 연필만 있으면 간단한 계산을 할 수 있어요. 심지어 필기도구 없이 암산을 할 수도 있지요. 어떻게 이런 일이 가능할까요? 바로 계산에 필요한 10진법이나 자릿수의 개념이 머릿속에 정리돼 있기 때문이에요. 자릿수 개념이 있기 때문에 큰 수도 편하게 기록할 수 있지요. 이러한 개념을 만든 이들이 인도인이랍니다.

 도전! 개념 활용

숫자가 없다면 어떤 점이 불편할까요? 숫자가 없는 하루를 상상해 보고 가상 일기를 써 보세요.

큰 수를 뛰어 세는 게 어려워요!

수가 커지고 있네. 얼마씩 커지는 거지?

빈 칸에 알맞은 수를 쓰세요!

(1번) 890억-990억-(　　)-1190억-1290억

(2번) 10만-100만-(　　)-1억-10억

두 수의 차를 구하면 되나?

박사님, 뛰어 세기 문제가 너무 어려워요.

차근차근 풀어 봐.

990억과 890억은 얼마나 차이가 나지?

100억이요.

그 말은 890억에 100억을 더하면 990억이 된다는 거지?

네!

같은 규칙이라면 990억 다음 칸에 어떤 수가 들어갈까?

음…

100억 100억 100억 100억
890 - 990 - (1090) - 1190 - 1290

100억 큰 수이니까 1090억이에요!

좋았어! 2번 문제는 제가 풀어 볼게요!

먼저 어떤 규칙인지 찾아봐.

10만-100만-(　　　)-1억-10억

힌트! 10배씩 늘어나고 있네?

아하! 10배는 10번 더하는 거니까 곱하기 100이라는 뜻이죠!

10배 10배 10배 10배
10만 - 100만 - (1000만) - 1억 - 10억

몇씩 커지는 규칙은 어떤 수를 더해야 하는지를 생각하고,

몇 배씩 커지는 규칙은 어떤 수를 곱해야 하는지를 생각하자!

큰 수를 뛰어 셀 때는 얼마씩 뛰어서 세는지 규칙을 찾아야 해요.

〈정답〉 100000

일정한 규칙에 따라 수를 배열한 것을 수열이라고 합니다. 수를 배열하는 규칙에는 같은 숫자를 더하거나 빼는 것, 곱하거나 나누는 것 등이 있어요. 그래서 수열의 규칙을 찾을 때 가장 먼저 하는 것은 나란히 있는 수 사이의 차이를 구해 보는 일이랍니다. 다음 수열을 볼까요?

0, 2, 4, 6, 8, 10, □

이때 □에 들어갈 수를 찾으려면 먼저 0과 2, 2와 4, 4와 6처럼 나란히 있는 수 사이의 차를 알아봐야 한다는 것이에요.

 "오른쪽 수가 왼쪽 수보다 2가 커요. 그럼 10 다음 수는 12예요."

잘했어요. 다음 수열에서도 규칙을 찾아보세요.

21, 18, 15, □, 9, 6, 3, 0

"아! 수가 작아져요. 왼쪽 수에서 3을 빼야 오른쪽 수가 나와요."

이번에도 잘 해결했어요.

이 밖에 오른쪽 수가 왼쪽 수의 2배가 되는 규칙으로도 수열을 만들 수 있어요. 꼭 2배가 아니더라도 일정한 수가 계속 곱해지는 규칙으로 수열을 만들 수 있답니다.

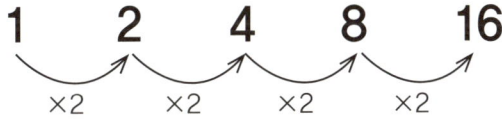

 도전! 개념 활용

빈칸에 들어갈 수를 찾아 써넣으세요.

10, 100, 1000, 10000, □, 1000000

수 카드로 수 만드는 게 어려워요.

(문제) 수 카드 1,2,3,4,5를 모두 한 번씩만
사용하여 만든 수중에 조건에 맞는 수를 쓰세요.

조건1) 43000보다 큰 수입니다.

조건2) 43200보다 작은 수입니다.

조건3) 일의 자리 수는 짝수입니다.

뭐부터
시작해야 하지?

박사님, 생각해야 할 게 너무 많아요!

침착하렴. 조건을 차근차근 살펴보자.

우선 카드는 1번씩만 사용할 수 있다고 했지? 그럼 몇 자리 수가 만들어질까?

카드가 5장이니까 다섯 자리 수가 만들어지죠.

2 1 4 3 5

그럼 11111 같은 수는 만들 수 있을까?

아뇨. 카드를 1번씩만 쓰라고 했어요. 1이 5번이라 안 되죠.

1 1 1 1 1

그렇지!

조건1과 조건2를 보자. 43000과 43200 사이의 수여야 하니 만과 천, 백의 자리 수는 뭘까?

그걸 한 번에 알 수 있어요?

조건1) 43000보다 큰 수입니다.
조건2) 43200보다 작은 수입니다.

보기 편하게 수직선으로 보여 줄게.

43000   43200

아하! 431□□가 되겠네요.

이제 카드는 2와 5가 남았어.

아! 일의 자리 수가 짝수여야 하니까 2요!

43152

정답은 43152!

정답!

수를 만드는 문제를 풀 때는 조건을 맞추면서 남아 있는 카드를 생각해요.

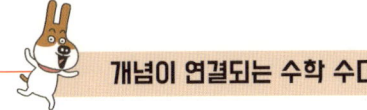

 "가장 많이 사용하는 비밀번호가 무엇일까요?"

미국의 인터넷 보안 업체 스플래시데이터(SplashData)는 지난해 사람들이 가장 많이 쓴 비밀번호가 '123456'이었다고 발표했어요. 2013년부터 5년째 1위를 놓치지 않고 있대요.

> ● **조건이 있는 문제**
> 조건을 생각하며 해결해야 하는 문제에서는 모든 조건을 하나씩 빠짐없이 생각해야 해요.

 "네? 그렇게 쉽고 단순한 걸 비밀번호로 쓴다고요?"

이런 비밀번호라면 해킹당할 위험이 굉장히 높아요. 한국인터넷진흥원에서는 정보 보호를 위해 사용자가 피해야 할 비밀번호 유형 6가지를 제시했답니다.

• 인터넷 사용자가 피해야 할 비밀번호

1 7자리 이하 또는 2가지 종류 이하의 문자로 구성된 8자리 이하 비밀번호

| PW | ababab00 |

2 비밀번호에 사용자 ID를 그대로 이용한 경우

| ID | student |
| PW | student123 |

3 특정한 패턴을 갖거나 키보드 상의 연속 문자로 이루어진 비밀번호

| PW | qwerty1234 |

4 'love'나 '천사'처럼 사전적 단어로 된 비밀번호

| ID | love1004 |

5 제3자가 알 수 있는 개인 정보로 만든 비밀번호

| PW | 01012345678 |

6 유명인의 이름이나 널리 알려진 단어를 포함한 비밀번호

| ID | korea |

 **도전! 개념 활용**

다음의 ID와 개인 정보 및 피해야 할 비밀번호의 예를 참고해서 안전한 비밀번호를 만들어 보세요.

• **ID** : tomato123 • **전화번호** : 010-9876-5432 • **생일** : 2006. 8. 5.
• **조건** : 문자(알파벳) 5개, 숫자(0~9) 5개를 사용하며, 1번 사용한 문자나 숫자는 다시 사용하지 않는다

큰 수의 크기를 비교하는 방법을 알려 주세요!

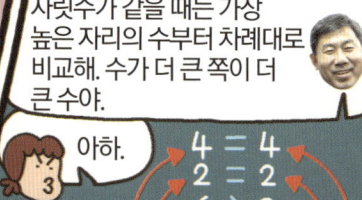

자릿수가 같으면 높은 자리의 수부터 차례대로 비교해요.

〈정답〉〈

"부등호가 뭐예요?"

● 수학 기호의 의미
수학 기호의 의미를 알고 사용하면 더 잘 기억할 수 있어요.

한자로는 아닐 부(不), 같을 등(等), 기호 호(號)예요.

영어로는 inequality sign인데 inequality는 같지 않음을 뜻하고 sign은 기호를 말하지요.

즉, 부등호란 같지 않음을 나타내는 기호라는 뜻이에요.

우리가 지금 사용하는 크다, 작다는 의미의 〉와 〈 는 영국의 수학자 해리엇이 처음으로 사용했다고 해요. 그런데 같지 않다는 것을 나타낼 때는 서로 다른 여러 가지 기호를 사용했기 때문에 기억하기가 어렵고 자주 혼돈을 일으켰다고 하지요.

이후 100년 정도 지나서 프랑스의 과학자 부게르가 '크거나 같다'와 '작거나 같다'를 의미하는 ≥와 ≤를 사용하기 시작했답니다.

"부등호는 초과, 미만, 이상, 이하와 관계가 있나요?"

당연히 관계가 있지요. 초과와 미만은 〉, 〈 로 이상과 이하는 ≥, ≤ 로 표현할 수 있답니다. 이상과 이하는 자기 자신을 포함하기 때문이지요.

수직선과 함께 살펴볼까요?

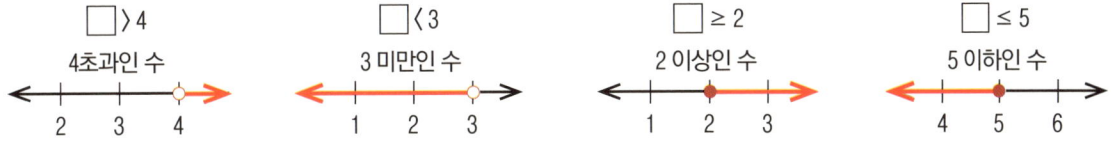

수의 크기를 비교해서 ◯ 안에 부등호를 써 보세요.

235467564 235467654

뾰족하지 않아도 각이에요?

박사님, 각은 한 점에서 그은 두 반직선으로 이루어진 도형이잖아요. 이렇게 평평한데 이것도 각인가요?

이건 왜 각이 아니라고 생각하니?

이건 한 점에서 두 반직선이 만난 게 아니라 그냥 한 직선 아닌가요?

그리고 각이라기엔 뾰족하지 않잖아요.

뾰족하지 않아도 이건 각이란다.

네에? 이런 게 각이잖아요.

그렇지. 그것도 각이지. 그런데 각 사이를 조금 더 벌려 볼까?

각도를 크게 하란 말씀이죠?

그렇지! 각도는 각이 벌어진 정도니까.

자, 이렇게 90°까지 벌어진 각은 뭐라고 하지?

직각이요. 이것도 뾰족한 부분이 있잖아요.

좋아, 그럼 각을 더 벌려 볼까?

이렇게요?

앗! 평평해졌네!

그래. 이렇게 두 막대의 각도가 180°가 되면 평각이라고 불러.

음, 그럼 180°가 정답이네요.

뾰족하지 않은 각은 각도가 180°인 평각이에요.

〈정답〉 (1) 직각 (2) 예각 (3) 둔각

 "각은 종류가 여러 가지인가 봐요."

각도는 두 변의 벌어진 정도예요. 변의 길이와는 상관없이 벌어진 정도에 따라 각을 분류하지요. 각의 꼭짓점을 중심으로 일직선이 아닌 2개의 변을 그리면 우리가 흔히 '각'이라 생각하는 '열각'이 생기고, 이때 '우각'도 함께 생깁니다.

> **● 우각과 열각**
> 우각과 열각에 대한 내용을 암기할 필요는 없어요. 하지만 해당 내용을 알고 있으면 뾰족한 것만이 각이라는 오개념을 피할 수 있답니다.

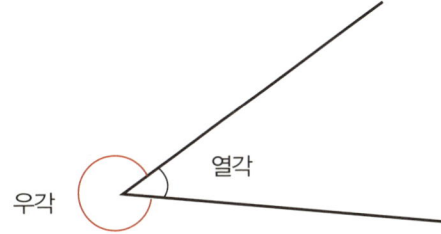

우각은 크기가 180°보다 큰 각이고, 열각은 크기가 180°보다 작은 각이에요. 한 꼭짓점을 중심으로 두 변을 그려 생긴 열각과 우각을 합하면 360°가 된답니다. 우리가 주로 말하는 각의 크기는 열각의 크기이며, 각도가 180°일 때는 '평각'이라고 해요.

그렇다면 우리가 배운 직각, 예각, 둔각은 어디에 속할까요? 예각은 90°보다 작은 각, 직각은 90°, 둔각은 90°보다 크고 180°보다 작은 각이기 때문에 모두 열각에 속한답니다.

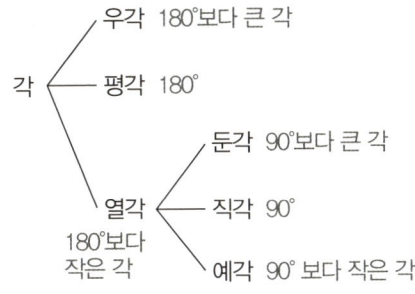

 **도전! 개념 활용**

다음은 각각 둔각, 직각, 예각 중 어디에 속할까요?

(1) 90°   (2) 45°   (3) 170°

어느 각이 더 커요?

박사님! 제가 볼 때는 오른쪽에 있는 각이 더 큰 것 같은데,

왜 선생님은 왼쪽 각이 더 크다고 하실까요?

왜 그렇게 생각했니?

변의 길이가 훨씬 길잖아요.

변

각의 크기는 변의 길이로 결정되는 게 아니야.

벌어진 정도로 결정하는 거지.

더 많이 벌어짐

벌어진 정도요?

자, 여기 부채가 2개 있어. 어느 부채가 더 많이 펼쳐졌지?

작은 부채요.

그럼 어느 부채의 각이 더 클까?

작은 부채의 각이 더 크다는 거죠?

그렇지.

한마디로 많이 벌어지게 그려야 큰 각을 그릴 수 있다는 거네요.

최대한 큰 각으로!

뽀각!

헐! 빌린 건데…!

각의 크기는 변의 길이가 아닌 변이 벌어진 정도로 결정돼요.

〈정답〉 120°

시계를 잘 보세요. 시계 분침이 정각에서 시작해 1시간 동안 1바퀴를 돌면 몇 도를 회전한 것일까요?

 "1바퀴를 돌았으니까, 360°요."

맞아요. 그럼 6시 정각일 때 긴바늘과 짧은바늘이 이루는 각은 몇 도일까요?

● 모형 시계
각도를 연습할 때 모형 시계를 활용할 수 있어요.

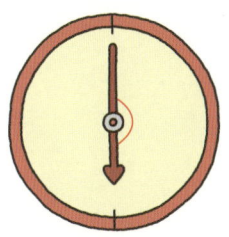

 "180°예요. 1바퀴의 반이고 긴바늘과 짧은바늘이 일직선으로 놓여 있어요."

잘했어요. 그렇다면 3시 정각에는 6시였을 때 생겼던 각의 절반이 만들어지겠지요? 즉, 3시에 긴바늘과 짧은바늘이 이루는 작은 쪽의 각(열각)의 크기는 90°랍니다.

그리고 이때 12와 1 사이는 12와 3 사이인 90°를 3등분한 것 중 하나예요. 그래서 30°라는 걸 알 수 있지요. 또 전체 360°를 12등분한 것으로 생각해도 연이은 두 숫자 사이의 각도가 30°라는 걸 구할 수 있답니다.

12와 1 사이에는 작은 눈금이 5개 있어요. 이 작은 눈금 1칸은 '분'을 나타내는데, 30°를 5칸으로 나눈 것 중 1칸이니까 1분을 나타내는 작은 눈금 사이 1칸은 6°라는 것도 알 수 있지요.

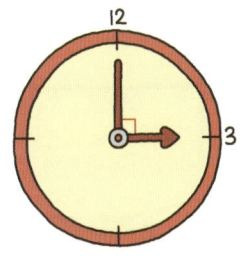

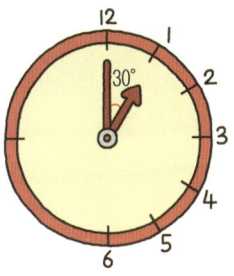

 **도전! 개념 활용**

다음 글에 나타난 시각의 긴바늘과 짧은바늘이 이루는 작은 쪽 각(열각)의 크기를 구했을 때 가장 큰 각과 가장 작은 각의 차이를 구해 보세요.

친구와 영화관에서 오전 10시에 만났다. 1시에 점심을 먹으러 갔고, 3시부터는 놀이터에 가서 놀았다. 5시에 친구와 헤어져 저녁을 먹기 위해 집으로 돌아왔다.

삼각형의 각의 크기의 합

각도기가 없는데 각의 크기를 어떻게 알아요?

삼각형의 세 각의 크기의 합은 180°예요.

종이를 접어 함께 각을 만들어 봐요. 색종이의 각을 반으로 접으면 그중 1개는 몇 도인가요?

"**직각의 반이니까, 45°요.**"

그렇지요. 이때 종이가 정사각형이면 대각선에 맞춰 접고, 정사각형이 아니면 한쪽 변과 다른쪽 변이 맞닿게 접음으로써 90°를 반으로 나눌 수 있답니다.

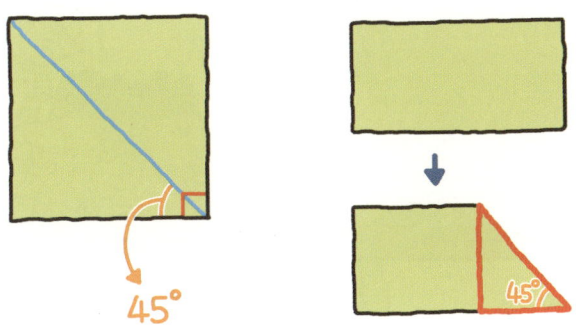

이번에는 90°를 3등분하여 30°를 접어 볼게요.

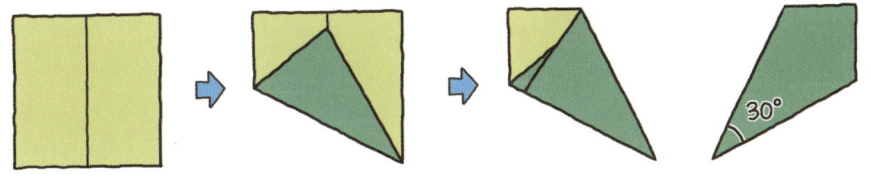

30°를 이용해 45°를 접을 수도 있어요. 30°와 15°를 더해 45°를 만드는 방법이지요.

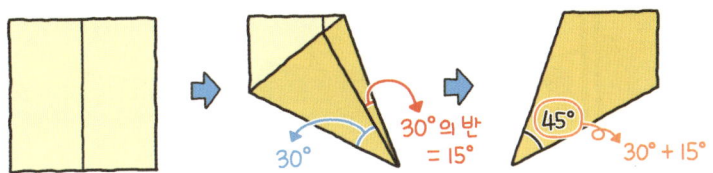

 **도전! 개념 활용**

색종이를 접어 75°를 만들어 보세요.

모든 사각형의 네 각의 합이 똑같다고요?

사각형의 네 각의 크기의 합은 360°예요.

〈정답〉 정사각형, 직사각형

 "모든 각이 예각인 사각형도 있어요?"

먼저 예각이 1개 있는 사각형을 생각해 볼까요?

> ● 여러 가지 경우 생각하기
> 수학적으로 의문을 해결해 가는 과정은 여러 경우를 생각해 보고 경험하는 계기가 되지요.

어떻게 그려도 둔각이 생길 거예요. 예각이 2개 있는 사각형은 어떨까요?

　　　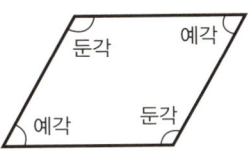

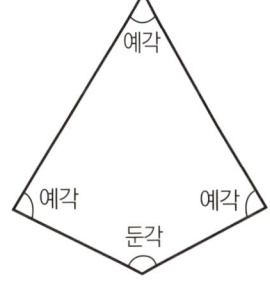

이번에도 둔각이 생겨요. 그렇다면 예각이 3개 있는 사각형을 그려 보지요.

이제 모든 각이 예각인 사각형에 도전해 볼까요? 직접 한번 그려 보세요.

 "아으, 어떻게 해도 안 되는데요?"

맞아요. 어떻게 해도 그릴 수 없었을 거예요. 사각형 네 각의 합은 360°예요. 모든 각이 90°보다 작은 예각이라면 네 각을 더했을 때 360°보다 작기 때문에 사각형이 만들어질 수 없답니다.

 도전! 개념 활용

예각이 하나도 없는 사각형은 어떤 사각형일까요?

각도기에서 어느 숫자를 읽어야 해요?

각도기로 각을 재는 중

헐! 숫자가 2개나 있네!

이건 70°야, 110°야?

저런….

박사님! 어느 숫자를 읽어야 할지 모르겠어요.

자, 겁먹지 말고 다시 처음부터 차근차근 해 볼래?

먼저 각의 꼭짓점과 각도기의

중심을 맞추고요. 각도기의 밑금과 각의 한 변을 맞춰요.

옳지.

그다음은?

각을 읽으려는데 각과 만나는 눈금이 2개라… 뭘 읽어야 하죠?

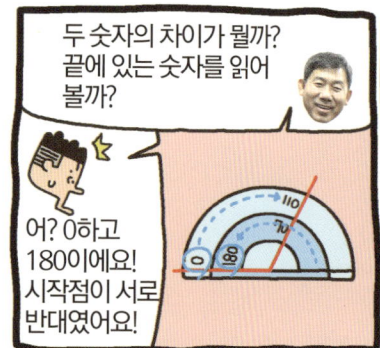

두 숫자의 차이가 뭘까? 끝에 있는 숫자를 읽어 볼까?

어? 0하고 180이에요! 시작점이 서로 반대였어요!

이때는 당연히 0에서 시작하겠지?

그럼 0이 있는 줄의 숫자를 읽으면 돼요! 110°예요!

또 재고 싶은 게 생겼어요.

또 쓸데없는 호기심을…

각도기의 밑금에서 시작하여 점점 커지는 수를 읽어요.

〈정답〉약 7°

"건축물의 기울어진 정도는 어떻게 재요?"

기울어진 건축물로 이탈리아 피사 대성당의 사탑이 유명하지요. 갈릴레이가 이곳에서 무게가 다른 2개의 공(1파운드, 10파운드)을 떨어뜨리는 실험을 통해 지표면으로부터 같은 높이에서 자유낙하하는 모든 물체는 질량과 무관하게 동시에 떨어진다는 결론을 얻었다고 해요.

> ● **각도를 사용하는 직업**
> 각도는 건축, 설계에 쓰여요. 관련된 직업과 진로에 대해서도 한 번 조사해 보세요.

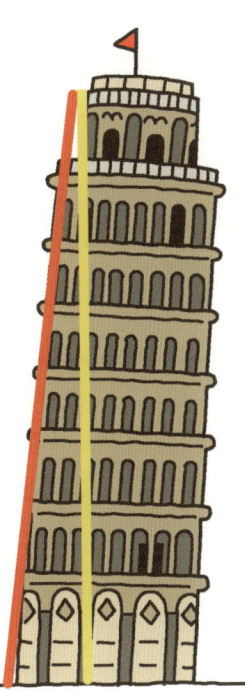

1173년에 공사를 시작하여 중간에 기울어지는 현상을 발견하고 건축재를 바꿔 다시 건설했지만 기울어짐이 계속되었다고 하지요. 1990년대에 이탈리아 정부에서 보수 공사를 한 결과 기울어짐이 $5.5°$였다가 2000년대에 들어와 스스로 다시 서는 힘에 의해 $5°$까지 세워졌다고 합니다.

그런데 피사의 사탑이 기울어진 정도인 $5°$는 어떻게 측정한 걸까요?

건축물의 기울어진 각도는 노란색 선분처럼 옥상에서 땅까지 $90°$가 되는 기준선을 그은 후, 빨간색 선분과 같이 건축물의 외곽선을 그려 노란 선과 빨간 선 사이의 각도를 재는 방법으로 구한답니다.

피사의 사탑 외에도 기울어진 건축물은 독일, 중국, 러시아 등 여러 나라에서 찾을 수 있어요. 스페인의 '유럽의 문'은 건축물의 아름다움을 위해 처음부터 기울어진 모양으로 설계되었답니다.

도전! 개념 활용

중국 후주탑의 기울어진 정도를 측정해 보세요.

각의 변이 너무 짧은데 어떻게 각도를 재죠?

각의 변이 각도기보다 짧으면 각의 변을 연장해요.

 "스키장의 각을 재려면 커다란 각도기가 필요하겠죠?"

변의 길이가 짧은 각의 크기를 잴 때는 각의 변을 연장해 그리는 방법으로 각을 쟀어요. 마찬가지로 변의 길이가 긴 각이라고 해서 큰 각도기로 재야 하는 건 아니랍니다.

각도기의 크기는 각의 크기와 상관이 없어요. 따라서 우리가 갖고 있는 크기의 각도기로도 스키장의 각도를 잴 수 있답니다.

● **각 재어 보기**
생활 주변의 여러 물건이나 자연 환경에서 각을 찾아 각도기로 재는 연습을 해 보세요.

 "우리가 보통 사용하는 각도기 말고 다른 모양이나 용도의 각도기도 있어요?"

각도기 중 디지털 각도기는 눈금 대신 숫자로 각도를 즉시 나타내어 주고, 회전 절단 각도기는 각을 재서 물체를 자르는 데 쓰여요.

그리고 원형 각도기를 이용하면 각도기 2개를 이어 붙이지 않고도 180°보다 큰 각을 재거나 그릴 수 있답니다.

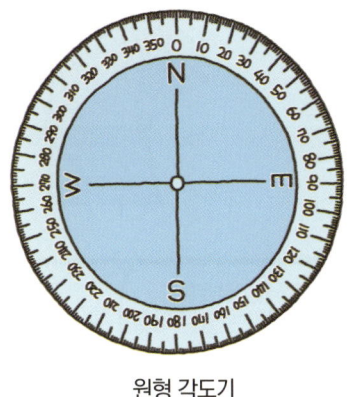

원형 각도기

 **도전! 개념 활용**

집 또는 학교, 놀이터에서 각을 찾아 각도기로 잰 다음, 그 각을 다시 그려 보세요.

찾은 곳	책상		
크기에 따른 분류	예각 (직각) 둔각	예각 직각 둔각	예각 직각 둔각
각 그리기			

각도기로 각을 그릴 수도 있나요?

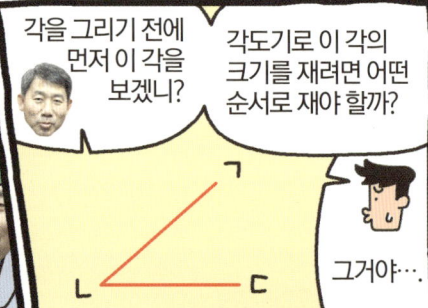

 **각도기와 자로 원하는 각을 그릴 수 있어요.**

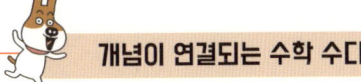
 "각을 그려보면 좋은 점이 뭐예요?"

　각도기로 각을 그려보는 것은 각도를 이해하는 데 매우 효과적인 방법입니다. 각도기를 이용하여 손으로 그려보면 각도의 개념이 훨씬 더 명확하게 이해될 수 있습니다. 예를 들어 30°, 45°, 60°와 같은 각을 그려보면 각도의 차이를 감각적으로 비교할 수 있습니다. 또 각도기를 이용하여 다양한 도형을 그려보면, 다각형의 여러 가지 성질을 이해할 때 도움이 됩니다.

> ● **각 그리기**
> 각도기와 자를 사용하여 예각, 직각, 둔각 등 다양한 각을 그려 보세요.

 "각도기로 별을 그릴 수 있을까요?"

　그럼요. 각도기를 사용해 정확한 별을 그려 볼 수 있어요.

　먼저 자와 각도기를 준비하세요. 크기는 상관없고요. 이제 차근차근 따라 해 보세요.

• 자와 각도기로 별 그리는 방법

① 길이가 15cm인 선분을 그리고(종이의 가운데에 그려야 별을 종이 안에 그릴 수 있다) 양 끝에 점을 찍는다.

② ①에서 그린 선분에 각도기의 밑금을 맞추고 양 끝점 중 하나를 각의 꼭짓점으로 하여 36°가 되는 각을 그린다. 이때 그려지는 선분도 길이 15cm가 되게 한다.

③ ②와 같이 새로 그린 선분을 각의 한 변으로 하여 36°가 되는 각을 그리는 활동을 3번 반복하면 별이 완성된다. 항상 새로 그리는 각의 한 변의 길이는 15cm여야 한다.

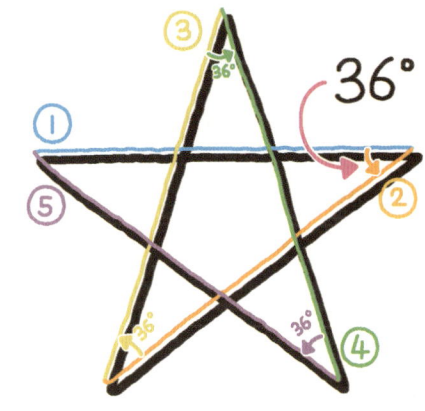

 **도전! 개념 활용**

각을 이어 그려 무늬를 만들어 보세요.

각도를 더하고 뺄 수 있어요?

이 두 각의 각도를 더하고 빼 봅시다.

각도를 어떻게 더하고 빼지?

박사님, 각도를 더하고 뺄 수 있나요?

그럼.

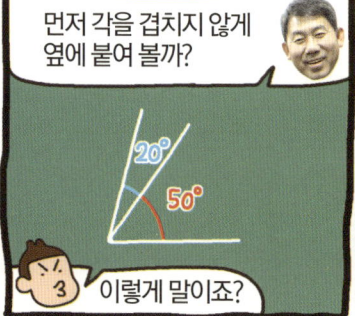

먼저 각을 겹치지 않게 옆에 붙여 볼까?

이렇게 말이죠?

그렇지. 그럼 초록색으로 표시된 각을 재면 두 각을 모두 잰 것이지?

각도의 합
20+50=70

그럼 70°가 되나요? 두 각 20°와 50°를 더한 값과 같아요.

그럼 이번엔 각도의 차를 구해 볼까? 수의 차를 구할 때 어떻게 하지?

그야, 큰 수에서 작은 수를 빼죠.

'큰 수 - 작은 수'

그렇지.

자, 각의 한 변을 맞대어 보자. 큰 각과 작은 각 사이에 차이가 생기지?

네. 바닥을 맞대니까 차이를 알 수 있어요.

우와! 30°예요! 큰 각 50°에서 작은 각 20°를 뺀 값이에요!

각도의 차
50-20=30

'큰 각 - 작은 각'

각도를 더하고 빼는 것은 수를 더하고 빼는 것과 비슷해.

각도의 합과 차를 구하는 방법은 자연수의 덧셈, 뺄셈 방법과 같아요.

〈정답〉 0°, 15°, 30°, 45°, 60°

 "2가지 직각삼각자로 만들 수 있는 각도는 몇 가지예요?"

여기 2가지 직각삼각자가 있어요. 자를 부러뜨리지 않고 각을 서로 나란히 두어 더하거나, 겹침으로써 큰 각에서 작은 각을 빼는 방법으로 새로운 각을 만든다면 몇 가지 각도를 만들 수 있을까요?

● **직접 구하기**
정답을 빠짐없이 모두 찾는 문제는 직접 구해 보는 것이 좋은 전략일 수 있어요.

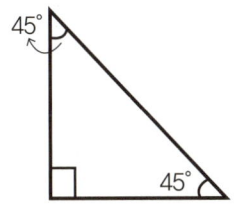

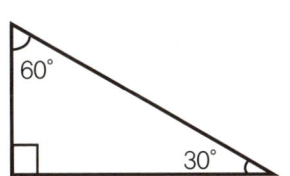

우선 각을 더하는 방법으로 만들어 봅시다. 각을 더할 때는 각도기를 나란히 두고 생각해야 해요.

먼저 30°에 더할 수 있는 각은 45°와 90°예요. 삼각자를 부러뜨릴 수는 없으니 60°와 더할 수는 없지요. 그럼 $30° + 45° = 75°$, $30° + 90° = 120°$의 2가지 각도를 만들 수 있어요.

60°에는 어떤 각을 더할 수 있을까요?

 "음, 이번에도 마찬가지로 45°와 90°를 더할 수 있어요. 그럼 $60° + 45° = 105°$, $60° + 90° = 150°$의 2가지 각을 더 만들 수 있어요."

맞아요. 그리고 45°의 경우에는 30°와 60°를 더한 각을 이미 찾았으니 $45° + 90°$만 생각해 보면 돼요.

$45° + 90° = 135°$

그다음, 각각의 삼각자의 직각을 더해 봐요.

$90° + 90° = 180°$

즉, 각을 더하는 방법으로는 총 6가지 각을 만들 수 있네요.

도전! 개념 활용

앞의 문제에서 각을 겹쳐 차이를 구하는 방법으로 만들어지는 각도를 모두 찾아보세요.

50 × 800은 '4000'이죠?

(몇백) × (몇십)을 계산할 때는 먼저 자연수를 곱하고 몇 배가 될지 생각해요.

〈정답〉 864 × 20, 17280

개념이 연결되는 수학 수다

몇십, 몇백을 곱할 때 0의 개수를 세면 계산을 쉽게 할 수 있어요. 하지만 50 × 800을 계산할 때처럼 헷갈리기도 쉬워요. 또 곱셈을 하는 수의 자릿수가 커지면 실수를 하게 돼요. 곱셈을 했을 때 결과가 어느 정도 되는지를 어림해 보면 계산 과정에서 실수를 줄일 수 있답니다.

378 × 49의 곱셈 결과를 어림해 볼까요?

378 × 49를 계산하기 전에 378을 400으로, 49를 50으로 어림하여 400 × 50을 생각해 보세요. 그렇다면 378 × 49의 계산 결과는 400 × 50의 결과보다 작아야 하지요. 즉, 400 × 50은 20000이므로 378 × 49를 계산한 값이 20000보다 크다면 다시 계산해 봐야 한답니다.

그다음 378을 300으로, 49를 40으로 어림하여 300 × 40을 생각해 보면, 378 × 49는 12000보다 커야 해요.

이처럼 정확하게 계산할 필요가 없는 상황이거나 답이 맞았는지 빠르게 검토할 때 곱셈의 결과를 어림해 보면 실수를 줄일 수 있어요.

실제로 10000원을 가지고 마트에 갔다면 2300원짜리 과자를 몇 개나 살 수 있을까요?

> ● **결과 어림하기**
> 몇십, 몇백 곱하기를 0의 개수를 세는 방법으로 빠르게 계산할 수도 있지만 결과를 어림하는 습관을 들이면 실수를 줄일 수 있어요.

 "과자를 2500원으로 어림해요. 2500 × 4 = 10000이니까 4개를 살 수 있어요."

맞아요. 어림할 때 곱셈하기 쉬운 수로 어림하면 편리하답니다.

도전! 개념 활용

수 카드 5장을 1번씩만 사용하여 가장 큰 세 자리 수와 가장 작은 두 자리 수를 만들고, 두 수의 곱셈식을 세워 답을 구해 보세요.

곱셈식 : ＿＿＿＿＿＿＿＿ 답 : ＿＿＿＿＿＿＿

574 × 30은 1722인데요?

0은 그냥 두고 우선 자연수를 계산하고…

응? 이상한데?

박사님, 저는 곱셈을 할 때 세로로 쓰는 게 편해요.

그래서 세로셈으로 계산했는데 틀렸어요.

몇십을 곱하다 보니 자릿수가 헷갈렸구나?

그럴 땐 이렇게 보조선을 그려 보렴.

그리고 이렇게 계산을 해 보는 거야.

이렇게 하니까 0을 빠트리지 않게 되네요!

574 × 3과 574 × 30은 다르지.

조금 더 익숙해지면 0을 끝에 쓰고 계산해도 된단다.

익숙해질 때까지 보조선을 그리면서 자릿값에 맞게 곱하도록 연습해 봐.

아하~ 이렇게 말이죠?

딩동댕!

(세 자리 수) × (두 자리 수)에서 0이 있으면 0을 일의 자리에 내려 써요.

〈정답〉 180000원

 "574 × 30의 계산 과정을 다르게 생각해 보고 싶어요."

그렇다면 574 × 30에 어울리는 문장을 만들어 봐요. 예를 들어 볼게요.

● **곱셈의 원리**

30 × 200을 '2 × 3 = 6이고 0이 3개이므로 30 × 200 = 6000이다' 라고 계산하면 빠르고 편리하지요. 신속하고 편한 방법도 좋지만 그 이유를 아는 것이 더 중요하답니다. 왜 이렇게 되는지를 꼭 살펴보세요.

① 떡케이크 1개의 무게는 574g이다. 떡케이크 30개의 무게는 얼마인가?

식을 574 × 30으로 세울 수 있겠지요. 574 × 30 = 17220이에요. 다음 문장과 비교해 보세요.

② 1개의 무게가 574g인 떡케이크를 크게 만들고 무게를 쟀더니 무게가 3배 늘어났다. 이 대형 떡케이크 10개의 무게는 얼마일까?

자, 이번엔 식을 어떻게 세워야 할까요?

 "574 × 3 × 10으로 세울 수 있어요."

맞아요. 계산하면, 17220으로 ①의 답과 같아요.

$$574 \times 30 = \underline{574 \times 3} \times 10$$

밑줄 친 부분(574 × 3)부터 계산한 다음, 곱하기 10을 계산하면 계산이 쉬워지지요.

그래서 몇십이나 몇백을 곱하는 곱셈은 10이나 100이 아닌 수로 이루어진 부분을 먼저 곱한 다음, 0의 개수를 세어 답에 쓰는 방식으로 풀 수도 있답니다.

도전! 개념 활용

매달 15000원씩 저금을 한다면, 1년 후 얼마를 모을 수 있을까요?

160 ÷ 20을 푸는데 왜 16 ÷ 2를 하죠?

160 ÷ 20의 결과와 16 ÷ 2의 결과를 비교해 봅시다.

숫자 차이가 이렇게 크니

결과도 당연히 차이가 나겠지…?

160 ÷ 20

16 ÷ 2

160은 세 자리 수, 16은 두 자리 수잖아요.

왜 160 ÷ 20하고 16 ÷ 2를 비교해 보라고 하시는 거죠?

160 ÷ 20의 몫과 16 ÷ 2의 몫이 같기 때문 아닐까?

네? 그럼 같은 나눗셈인가요?

아니, 다른 나눗셈이지.

먼저 16 ÷ 2를 어떻게 계산하는지 수 모형으로 살펴보자.

일 모형 16개를 2개씩 묶으면 8묶음이지? 그렇다면 16 ÷ 2의 몫은?

80이죠!

그렇지. 그럼 160 ÷ 20을 수 모형으로 살펴볼까?

이번엔 20씩 8묶음이에요.

100

20 20 20 20
20 20 20

몫이 8로, 16 ÷ 2와 같지?

네.

8묶음　　8묶음

그러니까 2, 4, 6, 8, 10, 12, 14, 16과 같이 2씩 8번 세면

1 2 3 4 5 6 7 8
0 2 4 6 8 10 12 14 16

16이 되는 것처럼 20씩 8번 세면 160이 되는 거군요!

1 2 3 4 5 6 7 8
0 20 40 60 80 100 120 140 160

오옷! 천재!

160 ÷ 20의 몫은 16 ÷ 2의 몫과 같아요.

〈정답〉 17개

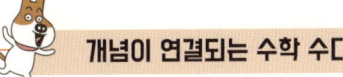 **개념이 연결되는 수학 수다**

 "몇 번 빼는 것도 나눗셈이에요?"

나눗셈은 ① 전체를 똑같이 나누는 나눗셈(등분제)이 있고 ② 전체를 같은 양으로 덜어 내는 나눗셈(포함제)이 있어요.

① **사탕 6개를 3명이 똑같이 나누어 먹는다면, 한 사람이 먹게 되는 사탕은 몇 개일까?**

이 문장에 어울리는 식은 6 ÷ 3, 답은 2(개)예요.

② **사탕 6개를 한 사람에게 3개씩 나누어 주려 한다. 몇 명에게 나누어 줄 수 있을까?**

 "이번에도 6 ÷ 3인데요? 답도 2(명)이고요."

맞아요. 두 문장을 보고 세울 수 있는 나눗셈식은 같지만 의미가 조금 다르지요.

 **도전! 개념 활용**

리본 하나를 만드는 데는 끈이 55cm 필요해요. 끈 940cm로는 리본을 몇 개 만들 수 있을까요?

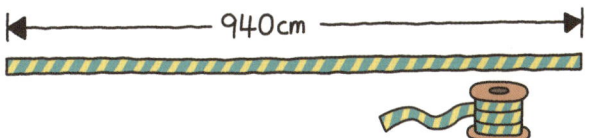

검산식 쓰는 게 어려워요.

나눗셈만으로도 어려운데 검산식까지 쓰라고 하다니!

(문제)
103 ÷ 20을 계산하고 검산식으로 확인하시오.

박사님. 나눗셈도 어려운데 왜 검산식까지 써야 할까요?

나눗셈이 어렵고 복잡하기 때문에 검산식이 필요한 거야.

계산 결과를 확인해 보는 과정을 검산이라고 한단다.

그럼 검산하는 식이 검산식이에요?

그렇지. 귀찮더라도 검산하는 습관을 기르면 실수를 줄일 수 있어.

그럼 나눗셈 검산식은 어떻게 쓰나요?

(나누는 수)에 (몫)을 곱한 다음 (나머지)를 더하면 돼. 이때 (나누어지는 수)가 나오면 맞는 거야.

나눗셈식: (나누어지는 수) ÷ (나누는수) = (몫) … (나머지)

검산식: (나누는 수) × (몫) + (나머지) = (나누어지는 수)

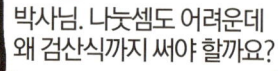

말만으로는 잘 모르겠어요.

예를 들어 볼까? 57 ÷ 13을 보자.

57÷13=4…5 라고 했을 때 검산식을 써 보면,

13×4+5=57 이 되는거란다.

이때 그냥 식을 쓰는 게 아니라 13 × 4 + 5를 계산해서 57이 되는지 확인해 봐야 해.

13×4+5=57
52
57

맞아요!

나눗셈 계산을 검산해 보는 습관을 길러 보자.

돌다리도 두드려 보고 건너듯이 확인! 또 확인!하라는 말씀!

야… 그 다리 아니거든!

 나눗셈의 검산식은 (나누는 수) × (몫) + (나머지) = (나누어지는 수)예요.

〈정답〉 60 × 8 +10 = 490

 "나눗셈의 검산식에 왜 곱셈이 필요할까요?"

그건 나눗셈의 역연산이 곱셈이기 때문이에요. 역연산이란 계산 결과를 계산 이전의 수 또는 식으로 되돌아가게 하는 계산을 말해요. 나눗셈에서 '나누는 수'에 '몫'을 곱한 다음 '나머지'를 더했을 때 '나누어지는 수'가 나오면 맞게 계산한 것이므로 곱셈은 나눗셈의 역연산이 된답니다.

곱셈의 여러 가지 의미 중 '동수누가'가 있어요. 같은 수를 여러 번 더한다는 의미이지요. 2 + 2 + 2 + 2는 2를 4번 더한 것이고 2 × 4로 나타낼 수 있어요.

그런데 나눗셈은 '동수누감'의 의미가 있답니다. 같은 수를 여러 번 뺀다는 뜻이에요.

> ● 검산
> 검산하는 습관을 들이면 계산 과정에서 실수를 줄일 수 있어요.

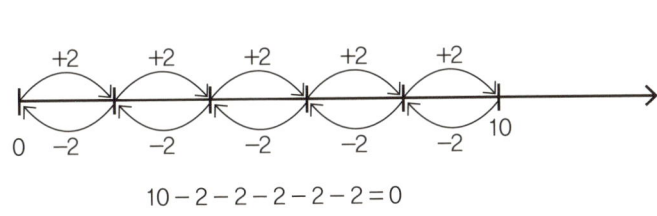

$$2+2+2+2+2$$
$$=2 \times 5 = 10$$

$$10-2-2-2-2-2=0$$
$$10 \div 2 = 5$$

예를 들어, $7 \div 2 = 3 \cdots 1$이라고 계산했다면 나누는 수인 2에 몫을 곱하고 나머지인 1을 더한다면 $2 \times 3 + 1$이 되고 계산하면 나누어지는 수인 7과 같아지요. 따라서 나눗셈을 계산한 후 곱셈으로 거꾸로 계산해 봤을 때 나누어지는 수가 나오면 나눗셈 계산을 맞게 했다는 것을 확인할 수 있어요.

 도전! 개념 활용

$490 \div 60 = 8 \cdots 10$의 계산 결과가 맞는지 검산해 보세요.

56 ÷ 14의 몫을 찾는 게 어려워요.

56 ÷ 14의 몫은 몇일까요?

바로 떠오르지 않는걸….

박사님, 저는 56 ÷ 14를 보면 막막해요.

음….

그럼 56에서 14를 몇 번 뺄 수 있는지 생각해 봐.

나눗셈인데 왜 뺄셈을 해요?

2 × 3을 덧셈으로 나타내면 2 + 2 + 2 잖아. 즉, 2를 3번 더한다는 뜻이기도 해. 마찬가지로 6 ÷ 2는 6에서 2를 여러 번 뺀다는 의미야.

$2 \times 3 \Rightarrow 2+2+2$　3번 더함
$6 \div 2 \Rightarrow 6-2-2-2$　3번 뺌

6 − 2 − 2 − 2 = 0이니까 6에서 2를 3번 뺄 수 있어요.

그런데 56에서 14를 몇 번 뺄 수 있는지는 한 번에 안 떠올라요.

거꾸로 해 보면 어떨까? 14를 몇 번 더하면 56이 되지?

14 + 14 + 14 + 14 = 56 이니까 4번 더하면 돼요!

아하! 14를 4번 더했으니까 거꾸로 생각하면 56에서 14를 4번 뺄 수 있다는 거네요!

$14+14+14+14=56$　4번 더함
$56-14-14-14-14=0$　4번 뺌

그래서 56 ÷ 14의 몫은 4!

그렇지!

이제 나눗셈의 답을 찾을 때는 몇 번 뺄 수 있는지를 생각할래요!

나눗셈 다 덤벼!

웬 오버?

전체를 같은 양으로 덜어 내는 나눗셈은 몇 번 뺄 수 있는지를 생각해요.

〈정답〉 155 ÷ 28을 150 ÷ 30으로 바꿔 몫을 5로 어림했어요 등

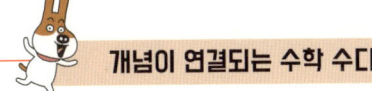
 "나눗셈의 몫을 어림하는 데 전략이 있어요?"

나눗셈의 몫을 어림하는 3가지 전략에 대해 알아봅시다.

> ● **나눗셈의 몫 찾기**
> 나눗셈의 몫을 찾는 전략을 연습하다 보면 몫을 생각해 내는 속도가 빨라져요.

① 앞자리 수로 어림하기

맨 왼쪽 숫자를 보고 어림하는 방법이에요.

$$26\overline{)87} \quad \rightarrow \quad 8 \div 2 = 4$$

이렇게 몫을 4로 어림해서 계산해 보고 맞지 않으면 몫을 작게 또는 크게 수정해요.

즉, $26 \times 4 = 104$이므로 몫을 4보다 작게 수정해야겠지요.

② 비슷한 수로 어림하기

$$26\overline{)87} \quad \rightarrow \quad 30\overline{)90} \quad \rightarrow \quad 9 \div 3 = 3$$

수를 비슷한 수로 단순하게 만들어서 어림하는 방법이에요. $25 \times 4 = 100$이라는 걸 알고 있다면, 87은 90으로 26은 30으로 생각할 수 있지요.

③ 어울리는 수로 어림하기

문제를 계산하기 쉬운 수로 바꿔 어림하는 방법이에요. 즉, $100 \div 26$보다는 $100 \div 25$가 계산하기 편리하지요.

$$26\overline{)100} \quad \rightarrow \quad 25\overline{)100} \quad \rightarrow \quad 100 \div 25 = 4$$

 **도전! 개념 활용**

$155 \div 28$의 몫을 어림하고, 자신의 어림 전략을 설명해 보세요.

341 ÷ 24는 어떻게 계산해요?

34에서 24를 몇 번 뺄 수 있니?

341 ÷ 24면 341에서 24를 몇 번 빼는지 봐야 하는데…

34하고 24가 무슨 상관이지…?

24)341

박사님, 341 ÷ 24를 계산하는데 왜 34에서 24를 몇 번 빼는지 알아야 하죠?

음, 그건…

편하게 자릿값을 생각해서 이야기하다 보니 그런 거야. 34는 340을 말한 거거든.

네?

34에서 24를 몇 번 뺄 수 있을까?

음, 1번이죠!

그래. 그럼 이렇게 세로셈에서 여기에 1이라고 쓰겠지?

이때 1은 1이 아니라 10을 뜻해.

①=10

24)341
2 40←24×10

그러니까 24를 먼저 10번 빼고 남은 수에서 24를 또 뺄 수 있는 만큼 더 빼는 거지.

341에서 24를 10번 빼면 101이 남아요. 여기서 24를 또 빼면,

24)341
2 40
1 0 1

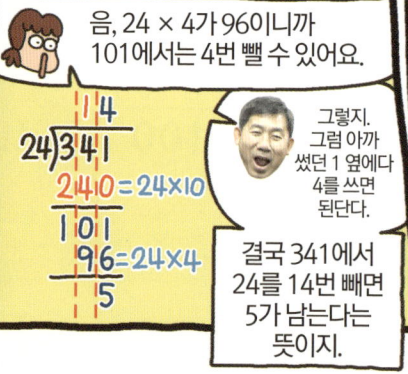

음, 24 × 4가 96이니까 101에서는 4번 뺄 수 있어요.

그렇지. 그럼 아까 썼던 1 옆에다 4를 쓰면 된단다.

결국 341에서 24를 14번 빼면 5가 남는다는 뜻이지.

1 4
24)341
2 40 = 24×10
1 0 1
9 6 = 24×4
5

아하! 처음부터 14번 뺀다는 걸 찾기 어려우니까 10번을 먼저 빼고 다시 빼는군요!

그거야!

세로셈을 계산할 때 큰 자릿수부터 생각해요.

〈정답〉 12일

 "나눗셈을 계산해 몫을 구했는데 문제의 답과 차이가 있었어요."

그럴 수 있어요. 다음 문제를 볼까요?

○○초등학교 4학년 학생 268명이 현장 체험 학습을 가려고 한다. 버스 1대에 기사님, 선생님을 제외하고 학생 40명이 탑승할 수 있다면 버스가 몇 대 필요한가?

문제를 해결하기 위해 나눗셈식을 세워 봐요.

 "268 ÷ 40이요. 계산하면, 몫은 6이고 나머지가 28이에요."

● 나머지
문제를 읽고 나머지도 따져야 하는지 생각해 봐요.

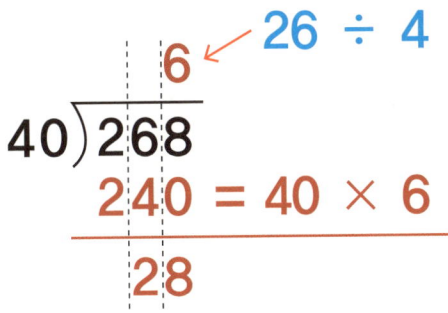

$$26 ÷ 4$$

$$40 \overline{)268}$$
$$240 = 40 × 6$$
$$28$$

잘했어요. 이때 몫이 6이라고 해서 버스가 6대 필요하다고 답하면 안 돼요. 남은 28명의 학생들도 걸어서 현장 체험 학습에 갈 수는 없기 때문에 버스는 총 7대가 필요하거든요.

이처럼 나머지를 어떻게 처리해야 하는지에 따라 구하는 답이 나눗셈의 몫과 같지 않을 수도 있답니다.

도전! 개념 활용

389쪽인 동화책을 매일 35쪽씩 읽으려 해요. 동화책을 다 읽는 데는 며칠이 걸릴까요?

나눗셈의 몫에 '0'이 있으면 어떻게 써야 해요?

639 ÷ 6은 16이죠?

흡족~ 흡족~

이걸 어디서부터 설명하나.

자신감 뿜뿜

박사님, 이 풀이가 왜 틀리죠?

흠, 자릿수가 헷갈리나 보네.

먼저 백의 자리 수는 잘 찾았어. 1은 지금 100을 나타내는 것이니까 639에서 600을 뺀 상태지?

100의 자리

60□0=6×100

자, 그럼 이제 십의 자리에 들어갈 수는 어떻게 찾을까?

3에서 6을 뺄 수 없어요.

39까지 생각해야 해요.

그래서 9 위에 6을 썼구나?

네. 그러면 나머지가 3이 되는 거 맞죠?

나머지는 맞게 구했는데 저렇게 쓴다면 몫이 16처럼 보일 거야.

그런데 처음 쓴 1은 10이 아니라 100 이잖아.

십의 자리에 0을 쓰면 된단다.

100의 자리　10의 자리

60□0=6×100

3□6=6×6

아하! 답은 16이 아니라 106이네요.

나눗셈의 몫을 쓸 때 0을 생략하면 안 돼요.

〈정답〉 205, 십

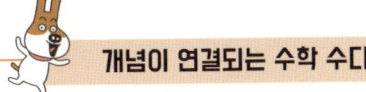

개념이 연결되는 수학 수다

 "0은 어떤 의미인가요?"

0은 자릿값이 비었다는 걸 나타내요. 고대 바빌로니아 점 토판의 쐐기 문자에도 수를 기록할 때 빈자리를 메우기 위한 기호가 사용되었고, 인도-아라비아 숫자가 만들어진 인도에서도 처음에는 205를 '2 5'로 나타냈어요. 어떤 자릿값에 해당하는 숫자가 없으면 그 칸을 비워 놓았던 것이지요. 그러다 6세기 초, 빈칸 대신 '슈냐(sunya)'라는 이름의 작은 동그라미(●이나 ○)를 사용하기 시작했어요.

> ● **0의 의미**
> 온도계를 보면 0을 기준으로 1과 −1, 2와 −2, 3과 −3 등을 나타내는 눈금이 같은 거리에 그려져 있어요. 이 경우 0은 영상과 영하를 나누는 기준이 됩니다.

인도의 언어에서 수를 표현하는 방법은 지금 우리가 사용하는 수의 체계와 같았어요. 0의 발견은 수를 나타낼 때 각각의 숫자 위치에 따라 그 값이 결정되는 방법을 등장시켰지요. 즉, 백의 자리나 천의 자리에 수가 없으면 0을 써서 그 자릿값이 비었다는 것을 나타내는 거예요.

은행이나 식당의 대기표 번호가 003이면, 이때 0은 백의 자리와 십의 자리가 빈자리라는 걸 나타낸답니다. 숫자 101도 십의 자리가 빈자리라는 것을 알려 줘요. 소수에서도 0.1과 0.01은 서로 다른 수예요. 0이 빈자리를 나타내므로 0.01은 0.1의 자리도 비어 있다는 뜻이 되니까요.

0은 아무것도 없다(無, 없을 무)는 의미이기도 해요. 통장에 돈이 하나도 없을 때, 휴대전화의 배터리가 하나도 없을 때 숫자 0을 볼 수 있지요. 이때의 0은 아무것도 없다는 뜻이에요.

또 0은 시작점을 나타내요. 달리기 경주에서 출발선을 0m라 하고, 그로부터 얼마나 뛰었는지를 측정하지요.

> 난 여러 곳에 쓰이지!

 **도전! 개념 활용**

1435 ÷ 7을 계산하고 몫의 어느 자리에 0이 있는지 찾아 써 보세요.

몫은 [   ]이고, 0은 [   ]의 자리에 있어요.

나눗셈 몫은 오른쪽부터 쓰면 안 돼요?

나눗셈의 몫은 자릿수에 맞게 왼쪽부터 써요.

 "자릿수에 따라 쓰는 순서가 정해져 있어요?"

정해져 있는 건 아니에요.

곱셈을 할 때는 오른쪽부터 쓰는 게 편하지요? 일의 자리부터 답을 구하는 게 익숙할 거예요. 덧셈이나 뺄셈을 할 때도 마찬가지로 오른쪽부터 쓰지요.

즉, 덧셈, 뺄셈, 곱셈을 계산할 때 보통은 각각 파란색, 빨간색, 초록색으로 표시된 일의 자리 숫자를 가장 먼저 쓰는데, 그렇다고 숫자를 24, 61, 96이라고 읽지는 않아요.

> ● 자릿값
> 수학에서 자릿값 개념은 아주 중요답니다. 계산을 할 때 자릿수를 혼동해서 실수하는 경우가 많아요.

$$
\begin{array}{r}
\overset{1}{1}5 \\
+27 \\
\hline
4\textcolor{blue}{2}
\end{array}
\qquad
\begin{array}{r}
\overset{2\ 10}{\cancel{3}5} \\
-19 \\
\hline
1\textcolor{red}{6}
\end{array}
\qquad
\begin{array}{r}
23 \\
\times\ 3 \\
\hline
6\textcolor{green}{9}
\end{array}
$$

그런데 13 × 2를 계산하는 경우 일의 자리에서 받아올림되는 수가 없기 때문에 이때는 답을 바로 26이라고 적을 수 있어요. 즉, 곱셈을 할 때 답을 왼쪽부터 적을 수 있는 것이지요.

중요한 것은 답을 구하고 제대로 읽는 것이랍니다.

 도전! 개념 활용

450 ÷ 15의 몫의 십의 자리 수와 23 × 15의 결과의 백의 자리의 수를 더한 값을 구해 보세요.

돌려서 밀어 넣으라고요?

정사각형을 완성하려면 그 조각을 어떻게 움직이면 될까?

이 모양의 조각이라면

이렇게 밀어 넣으면 정사각형이 되죠.

빨간색 도형의 모양이 변했니?

변하지 않았어요. 밀기만 했는걸요.

이처럼 도형은 밀어서 옮기면 모양은 똑같은데 위치만 바뀐단다.

이번에는 어떻게 움직여야 할까?

음, 이번엔 밀어서 넣을 수 없으니…

먼저 반 바퀴를 돌려서

그대로 밀어 넣어요.

도형의 모양이 변했니?

모양은 그대로이고 돌려지기만 했어요.

도형을 돌리기 하면 모양과 크기는 그대로이고 방향이 변한단다.

밀기는 모양과 방향이 변하지 않고 돌리기는 정도에 따라 방향이 바뀌어요.

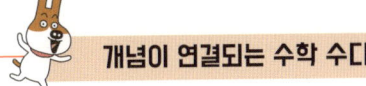

 "도형을 오른쪽으로 6cm 밀었을 때의 도형을 그리는 게 어려워요."

모눈종이 1칸이 1cm이므로 오른쪽으로 6칸을 이동해 그리면 돼요. 이때 꼭짓점을 먼저 옮겨 보세요.

투명 종이나 OHP 필름에 본을 떠 연습할 수도 있어요. 밀기 방향에 따라 꼭짓점을 먼저 이동시켜 보세요.

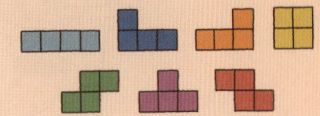
● 테트리스

테트리스는 소련(현 러시아)의 프로그래머 알렉세이 파지노프가 만든 게임이에요. 7개 도형을 이용해 1줄을 빈틈없이 채우는 게임이지요.

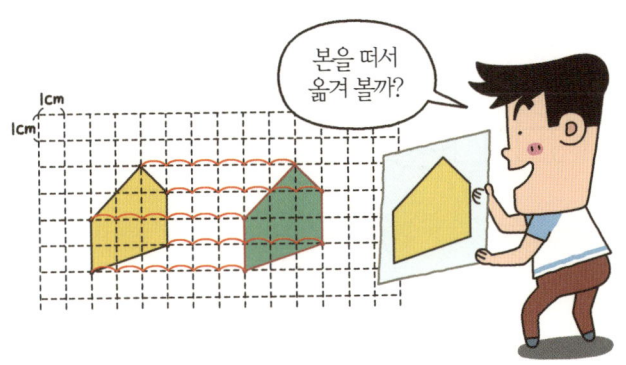

본을 떠서 옮겨 볼까?

 "도형을 돌리기도 하던데요?"

도형을 돌릴 때는 방향에 주의해야 해요. 돌리는 기호와 의미를 꼭 익혀 두세요.

방향	시계 방향으로 돌리기	시계 반대 방향으로 돌리기
기호와 의미	90°만큼 돌리기 180°만큼 돌리기 270°만큼 돌리기 360°만큼 돌리기	90°만큼 돌리기 180°만큼 돌리기 270°만큼 돌리기 360°만큼 돌리기

 도전! 개념 활용

인터넷에서 '테트리스 플래시 게임'을 검색하여 도형의 밀기, 돌리기를 이용한 테트리스 게임을 해 보세요.

도형을 뒤집으면 아무것도 없는데요?

뒤집기를 하면 모양은 변하지 않고 위와 아래 또는 오른쪽과 왼쪽이 바뀌어요.

〈정답〉

"테트리스 게임에서 다음 2개는 서로 같은 도형 아니에요? 왜 다르게 만들었어요?"

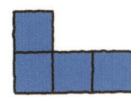 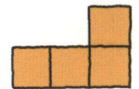 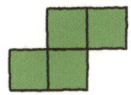 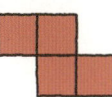

● 폴리오미노와 테트로미노
정사각형 여러 개의 변과 변을 맞닿게 붙여 만든 도형을 폴리오미노라고 한답니다. 모노미노는 1개, 도미노는 2개, 트리미노는 3개, 테트로미노는 4개, 펜토미노는 5개, 헥사미노는 6개의 정사각형을 이용한 것이에요.

테트리스는 테트로미노를 이용하여 만든 게임이에요. 테트로미노는 정사각형 4개를 변과 변이 맞닿게 붙여 만든 도형인데, 돌리거나 뒤집었을 때 같은 모양의 도형이 만들어지면 하나의 도형으로 친답니다. 그럼 테트로미노 5가지가 만들어져요.

그런데 테트리스 게임에는 뒤집기 기능이 없지요. 그래서 뒤집어야만 사용할 수 있는 모양의 도형 2개가 필요했던 것이에요.

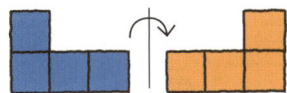 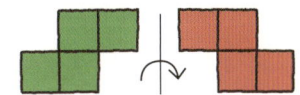

또한 뒤집어진 도형 2개를 만들어 넣었더니 뒤집기 버튼을 만든 것보다 게임이 간단해졌어요. 게임의 룰은 가능한 간단한 게 좋지요.

다음 도형을 위쪽, 왼쪽, 오른쪽으로 뒤집어 보세요.

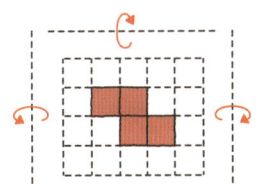

뒤집고 돌리고, 돌리고 뒤집고… 아유, 복잡해요.

뒤집고 돌리는 순서에 따라 마지막 도형의 방향이 다를 수 있어요.

〈정답〉

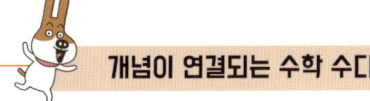
 "뒤집은 도형을 그릴 때 쉬운 방법이 있나요?"

　도형의 꼭짓점을 뒤집는 축과 같은 거리만큼 반대쪽으로 옮긴 후 점과 점을 이어 주면 돼요. 이 방법이 어려우면 투명 종이나 OHP 필름에 본을 떠서 뒤집으며 연습해 보세요.

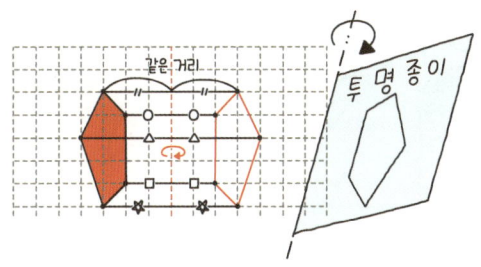

 "뒤집고 돌리기해서 나온 도형이 서로 같은데 돌리고 뒤집은 방법이 여러 가지일 수 있어요?"

　다음 도형을 어떻게 움직이면 마지막 도형이 나올까요?

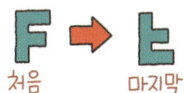

 "오른쪽으로 뒤집은 후 시계 방향으로 180°를 돌리는 방법, 시계 반대 방향으로 180°돌린 후 왼쪽으로 뒤집는 방법, 아래쪽으로 뒤집는 방법이 있어요."

　맞아요. 또 반대로, 왼쪽으로 뒤집은 후 시계 반대 방향으로 180° 돌리기, 시계 방향으로 180° 돌린 후 오른쪽으로 뒤집기, 위로 뒤집기를 해도 같은 결과가 나오지요.

도전! 개념 활용

다음 도형을 시계 방향으로 90° 돌린 후 아래쪽으로 뒤집어 보세요.

처음 조각을 맞히라고요?

시계 방향으로 90°만큼 10번 다 돌렸다.

어? 그런데 처음에는 어떻게 놓여 있었지?

90°

어떻게 조각을 움직였는지 방법과 순서를 알고 있다면 처음 모양을 찾을 수 있겠지.

아! 박사님.

시계 방향으로 90°만큼 10번 돌렸으니 반대로 반시계 방향으로 90°만큼 10번 돌리면 되겠군요.

시계방향 90° 10번

반시계방향 90° 10번

잘했어!　　다른 방법은 없을까?

다른 방법이요?

조금 더 간편한 방법이라든가….

음, 그리고 보니 반시계 방향으로 90°씩 4번 돌리면 같은 모양이 돼요.

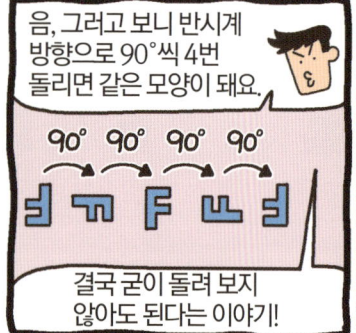

90°　90°　90°　90°

결국 굳이 돌려 보지 않아도 된다는 이야기!

8번도 4번씩 2번 돌린 거니까 역시 같은 모양이 나올 테고요.

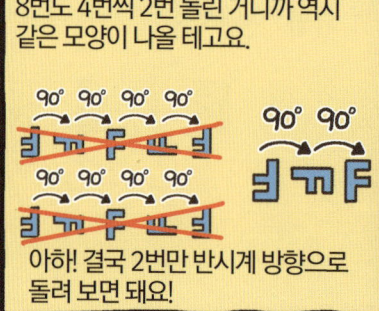

90° 90° 90° 90°　　90° 90°

아하! 결국 2번만 반시계 방향으로 돌려 보면 돼요!

처음 모양은 이거였어요.

오오~ 천재?

엄지 척!

움직인 방법과 순서를 알면 처음 모양을 찾을 수 있어요.

〈정답〉

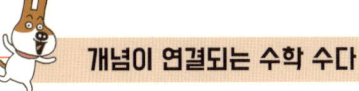

다음 문제를 같이 해결해 볼까요?

어떤 도형을 오른쪽으로 밀고 왼쪽으로 5번 뒤집기한 다음, 다시 ⊕ 방향으로 7번 돌렸더니 ㉣과 같은 도형이 되었다. 처음 도형은 어떤 도형인가?

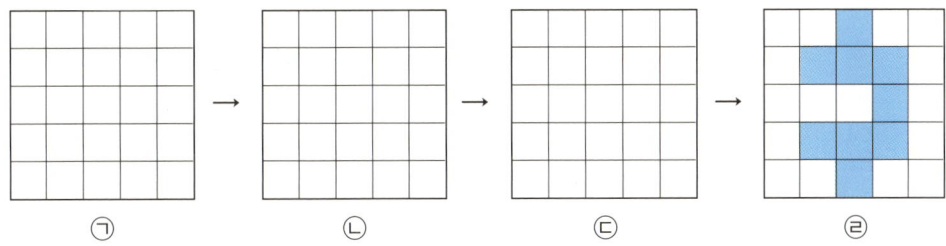

① 구하려고 하는 것은 처음 도형의 모양이다.

② ⊕방향으로 7번 돌린 것은 ⊕방향으로 1번 돌린 것과 같다(도형을 ⊕방향으로 2번 돌리면 처음 도형과 같은 모양과 방향이 된다). 따라서 ㉢의 모양은 ㉣을 ⊕ 방향으로 1번 돌린 ⬛이다.

③ 왼쪽으로 5번 뒤집었다는 것은 왼쪽으로 1번 뒤집은 것과 같다(도형을 같은 방향으로 2번 뒤집으면 처음 도형과 같은 모양과 방향이 된다). 따라서 ㉡의 모양은 ㉢을 오른쪽으로 1번 뒤집은 ⬛이다.

④ 마지막으로 밀기는 어느 방향이어도 모양과 방향에 변화가 없으므로 ㉠은 ㉡과 같은 ⬛이다. 따라서 답은 ⬛이다.

㉠의 도형을 시계 방향으로 90°만큼 9번 돌리고 위쪽으로 뒤집었더니 ㉡과 같이 되었어요. ㉠이 어떤 도형인지 알아보세요.

 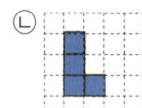

규칙적인 무늬가 예술 작품이 된다고요?

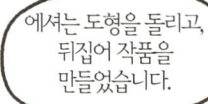

에셔는 도형을 돌리고, 뒤집어 작품을 만들었습니다.

큐레이터 →

Two Birds (No.18) M.C.Escher
1938

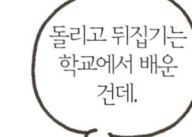

돌리고 뒤집기는 학교에서 배운 건데.

미술관에 갔는데 재미있는 작품이 있었어요!

박사님~

?

평소에 보던 미술 작품과는 조금 다른 느낌인데 규칙도 보이고 도형 옮기기도 한 것 같았어요.

에셔?

화가 이름이 에셔라든가?

에셔라면 네덜란드의 유명한 화가야. 구, 회전체, 테셀레이션 등 수학적인 개념을 이용하였지.

테셀레이션? 그게 뭐죠?

우리말로는 '쪽매 맞춤'이라고 하는데 평면도형을 빈틈없이 겹치지 않게 모으는 거야.

맞아요! 이것과 비슷한 게 많았어요!

에셔의 작품에 테셀레이션이 많이 이용되었기 때문이지.

하하 흥분 하기는.

No.

저도 그려 보고 싶어요!

에셔의 작품을 보면 많은 영감을 얻을 수 있을 거야.

밀기, 뒤집기, 돌리기를 이용하여 규칙적인 무늬를 만들 수 있어요.

포장지나 벽지를 보면 규칙적인 무늬가 반복해서 사용된 것을 알 수 있어요. 다음 작품을 보고 기본 무늬가 어떻게 반복되는지 설명해 보세요.

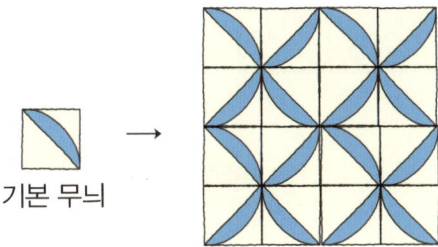

기본 무늬

● 에셔

네덜란드 출신의 판화가로 이슬람인의 모자이크에서 영감을 받아 단순한 기하학적 무늬를 수학적으로 변환함으로써 독특한 테셀레이션 작품을 남겼지요.

"기본이 되는  무늬 4개를 시계 방향으로 90°, 180°, 270°씩 회전시켜 무늬를 만든 후, 이것을 붙여서 만들었어요."

맞아요. 이렇게 돌리기나 뒤집기, 밀기 등을 이용해서 규칙적이고 아름다운 작품을 만들 수 있답니다.

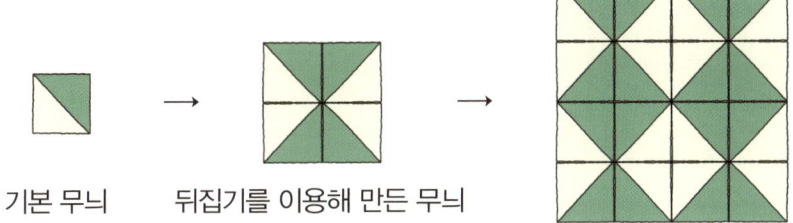

기본 무늬   뒤집기를 이용해 만든 무늬

도전! 개념 활용

모양을 밀기, 돌리기, 뒤집기하여 규칙적인 무늬가 있는 작품을 만들어 보세요.

왜 막대그래프를 그려요?

스티커를 보고 표를 잘 만들었구나.

그럼 이제 이 표를 보고 막대그래프를 그려 볼래?

네에? 표만 있으면 되지, 왜 막대그래프까지 그려요?

스티커 판으로는 알아보기가 힘들잖아요.

스티커 수를 표로 만들면 알아보기 쉬워요.

그런데 막대그래프는 왜 필요한 거죠?

하하!

그건 말이지…

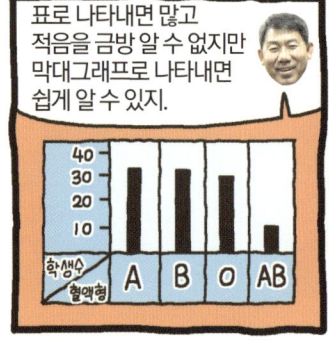

표로 나타내면 많고 적음을 금방 알 수 없지만 막대그래프로 나타내면 쉽게 알 수 있지.

저는 표를 보고도 쉽게 큰 수를 찾을 수 있는데요?

표나 그래프 모두 자료를 정리해서 정보를 쉽게 전달하는 역할을 하긴 해.

큰 것　　작은 것

특히 막대그래프를 이용하면 한눈에 파악하기가 더 쉬워.

음, 그렇긴 하네요.

표　　막대그래프

조사한 수를 막대 모양으로 나타낸 그래프를 막대그래프라고 해요.

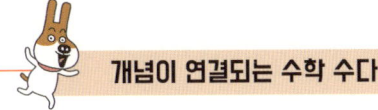

개념이 연결되는 수학 수다

혈액형별 학생 수를 나타낸 표와 막대그래프예요.

〈혈액형별 학생 수〉

혈액형	A형	B형	O형	AB형	합계
학생 수(명)	32	31	28	10	101

〈혈액형별 학생 수〉

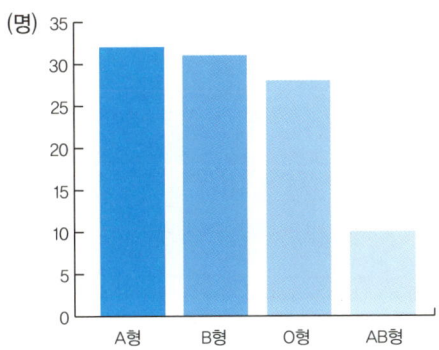

표와 막대그래프의 같은 점이 무엇인지 설명할 수 있나요?

● 그래프의 가로와 세로

보통 그래프는 가로축과 세로축으로 이루어져요. 하지만 초등학교에서는 '축'이라는 말을 사용하지 않고 가로와 세로로 표현해요.

 "표와 막대그래프 모두 혈액형별 학생 수를 나타내요."

맞아요. 같은 점이 있으니 표와 막대그래프의 다른 점도 있겠지요?

먼저 표는 혈액형별로 학생 수를 나타내고, 합계를 보여 줘요. 혈액형별로 몇 명인지 정확하게 알 수 있고, 전체 몇 명을 조사했는지도 알 수 있어요.

막대그래프는 세로의 눈금 하나가 5명을 나타내고, 각 내용(항목)에 해당하는 학생 수가 막대 모양으로 표현됐어요. 그래서 어느 혈액형이 어느 정도 많은지 한눈에 알 수 있지요.

하지만 자료의 전체 크기(합계)를 쉽게 알 수 없다는 단점이 있어요.

도전! 개념 활용

신문이나 책에서 막대그래프를 찾아보고, 막대그래프가 무엇을 나타내고 있는지 설명해 보세요.

막대그래프에서 무엇을 알 수 있어요?

다음 막대그래프를 보고 알 수 있는 것을 모두 말해 보세요.

아이들이 좋아하는 운동 종목을 나타낸 그래프이니까 어떤 종목을 가장 좋아하는지 알 수 있지.

그것 말고 또 알 수 있는 게 있을까?

박사님, 막대그래프에서 알 수 있는 내용이 많이 있나요?

생각하기에 따라 많다고도 할 수 있지.

어떤 것이 많은지 적은지 알아보기 쉽게 만든 게 막대그래프 아니에요?

요것이 제일 길고! 조것이 제일 짧고!

맞아. 그렇지만 더 많은 정보를 담고 있단다.

표에서 가로에는 무엇이 나타나 있지?

아이들이 좋아하는 운동 종목이요.

아이들이 가장 좋아하는 운동은 뭐지?

피구요. 막대가 가장 길어요.

좋아! 여기서 퀴즈!

학교 운동장에 경기장을 만든다면 어떤 종목의 경기장을 만들어야 많은 아이들이 좋아할까?

우오오오오~!

당연히 피구죠! 가장 많은 아이들이 좋아하니까요!

우왕~ 보이는 게 다가 아니네요.

헐... 뭔가를 깨달은 느낌이야.

맞아. 보이는 것을 비교해 보고 예측해 보는 게 중요해.

막대그래프에서 자료를 비교하고 분석하면 많은 정보를 찾고 얻을 수 있어요.

 "한 내용(항목)에 막대가 2개씩 있는 막대그래프도 있어요. 이런 그래프는 어떻게 읽어야 해요?"

무엇을 어떻게 나타낸 것인지 같이 살펴볼까요?

 "가로에는 스마트폰의 기능, 세로에는 학생 수를 나타냈고, 막대의 길이가 학생 수를 나타내요."

그래요. 스마트폰 기능별로 이용하는 남학생과 여학생의 수를 막대로 나타냈어요. 그랬더니 남학생이 여학생에 비해 모바일 게임을 많이 한다는 사실을 알게 됐네요.

 "모바일 메신저는 여학생이 남학생보다 더 많이 이용해요. 그리고 인터넷 검색, 멀티미디어, 학습 관련 기능은 남학생과 여학생이 비슷하게 이용하고 있어요."

잘 설명했어요. 이 그래프를 통해서 여학생보다는 남학생에게 모바일 게임 중독에 대한 예방 교육이 필요하다는 사실을 알게 됐을 거예요. 막대그래프를 공부하는 이유는 다양한 정보를 사용 목적에 맞게 선택하여 정리하고 의사 결정 능력을 기르기 위해서예요. 따라서 막대그래프를 보고 정보를 분석, 비교, 해석, 예측해 보는 것이 중요해요.

 도전! 개념 활용

신문이나 책에서 막대그래프를 찾아 어떤 정보를 전달하고 있는지 설명해 보세요.

막대그래프 그리기

막대그래프를 쉽게 그릴 수는 없나요?

수학 시간에 막대그래프 배웠지? 그려 볼래?

좋아하는 계절	봄	여름	가을	겨울
학생수	6	3	8	9

엥, 아무것도 없이 처음부터 그리라구요?

막막해요…. 수학 시간에는 쉬웠는데….

수업 시간에는 막대그래프를 잘 그렸는데 직접 그리려니 어려워요.

끗끗…

책이나 문제집에서는 기본적인 틀을 주며 그리라고 하지만, 실제 생활에서는 주어지지 않는 경우가 많지.

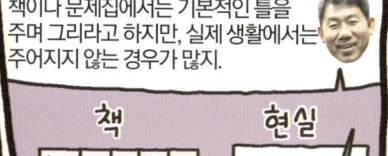

책 현실

휙~

그런데 왜 책에서는 틀을 주고 채우게 하나요?

책

수업 시간에는 시간이 부족하기도 하고…

시간이 많이 필요해 힘들어

처음 배울 때는 너무 어렵기 때문이지.

헉! 선을 너무 적게 그렸다.

하지만 걱정 마. 지금은 컴퓨터로 그리는 경우가 대부분이란다.

와우! 좋네요!

모눈종이에 막대그래프를 직접 그려 보아요.

〈정답〉

〈우리 반 아이들이 좋아하는 간식〉

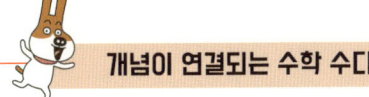

 "박사님, 이제 막대그래프를 읽을 줄은 알겠는데, 그리는 건 아직 어려워요."

주어진 문제 상황을 이해하고 그 결과를 표현하는 연습을 많이 반복해야 해요.

4학년 어린이들이 좋아하는 음식을 조사한 표를 이용하여 막대그래프를 그려 볼까요?

〈4학년 어린이들이 좋아하는 음식〉

음식	김밥	햄버거	라면	통닭	불고기	갈비	피자	기타	합계
학생 수(명)	25	13	44	14	18	11	12	9	146

• 막대그래프 그리는 방법

① 가로와 세로 중 어느 쪽에 조사한 수를 나타낼 것인지 정한다.

② 눈금 1칸의 크기를 정한다. 이때 조사한 내용(항목) 중 가장 큰 수를 나타낼 수 있도록 눈금을 만들어야 한다.

③ 내용(항목)을 쓰고 조사한 수에 맞게 막대를 그린다.

④ 막대그래프에 제목을 붙인다.

 도전! 개념 활용

표를 보고 막대그래프를 그려 보세요.

〈우리 반 아이들이 좋아하는 간식〉

음식	떡볶이	피자	치킨	라면	합계
학생 수(명)	6	4	8	5	23

막대가 가로인 것도 막대그래프예요?

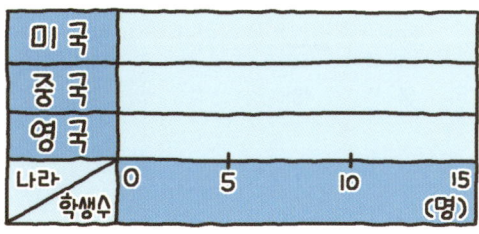

〈여행 가고 싶은 나라〉

어, 이건 뭐지? 내가 보던 거랑 다른데?

박사님, 막대그래프가 이상해요. 세로에 학생 수를 나타내야 하는 것 아닌가요?

꼭 정해져 있는 것은 아니야. 필요에 따라 바꿔서 그릴 수도 있지.

필요에 따라서요? 어떤 때에 무엇을 선택해야 하는데요?

선택은 힘들어...

그래프를 그릴 곳이 가로로 넓다든지 항목의 수가 적을 때는 가로로 그릴 수 있지.

음….

반대로 그래프 그릴 곳이 세로로 넓다든지 항목의 수가 많을 때는 세로로 그릴 수 있겠네요?

그렇지. 필요에 따라 그리면 된단다.

일반적으로 가로에 조사한 내용을, 세로에 조사한 수량을 나타내지만

세로에 조사한 내용을, 가로에 조사한 수량을 나타낼 수도 있단다.

막대그래프의 가로와 세로는 필요에 따라 바꿀 수 있어요.

〈정답〉

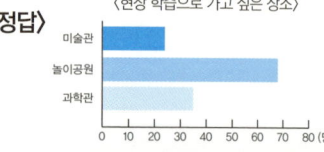

일반적으로 막대그래프를 그릴 때 가로에는 조사한 내용(항목)을, 세로에는 조사한 수량을 나타내지만, 반대로 세로에 내용(항목)을 나타내고 가로에 수량을 나타낼 수도 있어요.

> ● **막대그래프 그리는 방법**
> ① 가로와 세로 중 어느 쪽에 조사한 수를 나타낼지 정해요.
> ② 내용(항목)을 쓰고 조사한 수에 맞게 막대를 그려요.
> ③ 막대그래프에 제목을 붙여요.

"그런데 조사한 양이 차이가 많이 나면 어떻게 해요? 예를 들어, 어린이날에 받고 싶은 선물을 조사했을 때 스마트폰, 용돈, 애완동물, 장난감 외에 신발 2명, 태블릿 PC 3명, 옷 1명과 같은 결과가 나왔어요."

그때는 작은 값들을 모아 '기타'와 같은 항목으로 묶어 주면 돼요. 신발, 태블릿 PC, 옷 등을 모두 합해 '기타'로 묶는 것이지요.

〈어린이날 가장 받고 싶은 선물〉

선물	스마트폰	용돈	애완동물	장난감	기타	합계
학생 수(명)	67	46	54	28	6	201

〈어린이날 가장 받고 싶은 선물〉

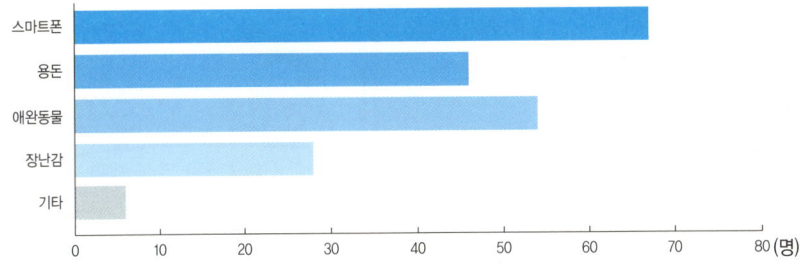

표를 보고 세로에 내용을, 가로에 수를 나타내어 막대그래프를 그려 보세요.

〈현장 학습으로 가고 싶은 장소〉

장소	미술관	놀이공원	과학관	합계
학생 수(명)	24	68	35	127

컴퓨터로 막대그래프를 어떻게 그려요?

<우리 반 여학생들이 좋아하는 계절>

좋아하는 계절	봄	여름	가을	겨울
학생 수(명)	6	3	8	9

막대그래프를 컴퓨터로 그려 왔지.

컴퓨터로 그렸다고?!

박사님, 박사님!
컴퓨터로 막대그래프를 그릴 수 있나요?

컴퓨터에 표를 넣으면 그래프로 바꿔 주는 기능이 있지.

하지만 그래프를 배우고 나서 사용해야 한단다.

왜요? 컴퓨터가 그려 주면 편리하고 좋을 것 같은데요.

수학 연산(덧셈, 뺄셈, 곱셈, 나눗셈)을 계산기로 해결하면 편리하지만 학교에서는 직접 풀게 하는 것과 같지.

끄응….

아싸~ 쉽네.

지금은 힘들어도 나중엔 쉬워진다

먼저 개념과 원리를 배우고 난 후에 편리한 기계를 사용하는 것이지.

역시 개념과 원리를 먼저 알아야 해!

컴퓨터를 직접 만들 정도의 실력!

수학 박사

초고성능 컴퓨터

저는 개념과 원리는 다 알아요!

컴퓨터로 그리고 싶어요!

허허, 알았다.

막대그래프를 컴퓨터로 그릴 수도 있어요.

<정답>

<학생들이 좋아하는 운동>

컴퓨터의 한글 프로그램으로 막대그래프를 그려 볼 거예요. 한번 따라 해 볼까요?

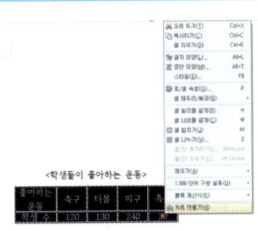	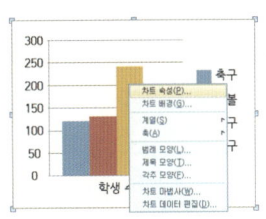
① 영역을 선택한 후 오른쪽 마우스를 클릭한다. '차트 만들기'로 들어간다.	② 만들어진 차트를 더블클릭한 후 오른쪽 마우스를 클릭하여 '차트 속성' 메뉴로 들어간다.
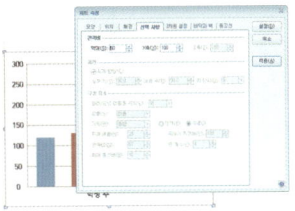	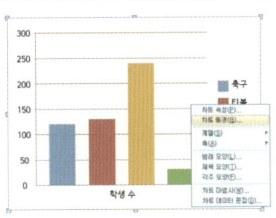
③ '간격비'를 이용하여 막대의 간격을 조절한다. 50~90이 적절하다.	④ 차트를 더블클릭한 후 오른쪽 마우스를 클릭하여 '차트 배경' 메뉴로 들어간다.
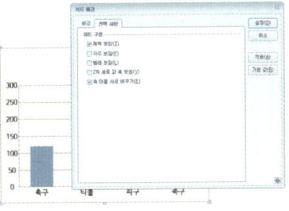	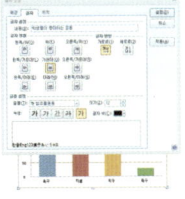
⑤ '선택 사항'에서 '제목 보임'과 '축 이름 서로 바꾸기'를 선택한다.	⑥ '제목'을 더블클릭하면 제목을 변경할 수 있다.

 도전! 개념 활용

컴퓨터 프로그램을 이용하여 막대그래프를 그려 보세요.

〈학생들이 좋아하는 운동〉

좋아하는 운동	축구	티볼	피구	족구	계
학생 수(명)	120	130	240	30	520

수 배열 규칙을 생활에서 사용한다고요?

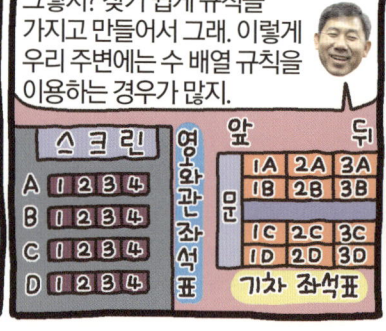

 수 배열 규칙은 우리 생활 곳곳에서 이용되고 있어요.

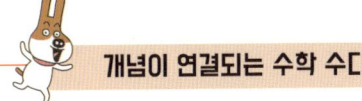
수 배열은 수 배열표나 달력처럼 숫자만 배열하는 경우도 있고 문자를 같이 사용하는 경우도 있어요. 예를 들어 기차표에는 좌석이 3A, 7B와 같이 쓰여 있답니다. 이때 숫자는 몇 번째 줄인지를 나타내고, 문자는 왼쪽에서 또는 오른쪽에서 몇 번째인지를 나타내지요.

"비행기나 영화관에서도 좌석을 그렇게 나타내요. 그런데 야구장이나 공연장은 좀 달랐어요."

야구장이나 공연장은 넓기 때문에 구역을 나누어 놓아요. 물론 이 구역도 일정한 규칙에 따라 만들어지지요. 잠실 야구장의 경우, 시계 방향으로 순서를 정해 구역을 나누었답니다.

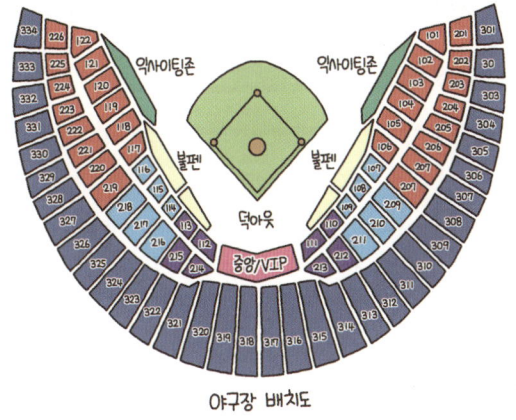

야구장 배치도

도전! 개념 활용

공연장, 영화관, 야구장 등을 갈 때 좌석 배치도에 어떤 규칙이 있는지 확인해 보세요.

달력에 무슨 규칙이 있어요?

달력과 같이 일정한 수를 나열한 표에는 여러 가지 규칙이 있어요.

〈정답〉 (1) 10일, 17일, 24일 (2) 일요일

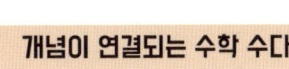

"달력에 또 어떤 규칙이 있나요?"

　달력을 펼쳐 놓고 달력 위의 날짜를 가로 3칸, 세로 3칸의 사각형으로 만들어 보세요. 9개의 수를 모두 더하면 가운데 수의 9배가 될 거예요.

"1 + 2 + 3 + 8 + 9 + 10 + 15 + 16 + 17 = 81이에요. 신기하게도 가운데 수인 9의 9배의 값과 같아요."

　그렇게 모두 더해 보는 방법도 있지만, 가운데 수를 중심으로 마주 보는 위치의 수를 더해 보세요. $1 + 17 = 18$, $2 + 16 = 18$, $3 + 15 = 18$, $8 + 10 = 18$이지요. 따라서 $18 \times 4 + 9 = 81$이 돼요. 이때 마주 보는 위치의 수의 합은 각각 18이고, 이것은 9의 2배예요.

"어떻게 이런 규칙이 나와요?"

　가운데 수를 중심으로 마주 보는 수의 합은 언제나 가운데 수의 2배가 되는 규칙이 있어요.

　이번에는 가로와 세로 각각 4칸을 선택해 보세요. 가운데 수는 없지만 가운데에 점을 만들면 마주 보는 수의 합이 모두 같다는 규칙을 찾을 수 있어요. 그리고 이때 이 수들의 합은 (가장 작은 수) + (가장 큰 수)의 8배가 되지요.

1	2	3	4
8	9	10	11
15	16	17	18
22	23	24	25

$$(1 + 25) \times 8 = 208$$

　가로 4칸, 세로 4칸, 즉 16개 칸에 각각 수가 있고 이 수들이 8배가 되는 것이랍니다.

도전! 개념 활용

어느 해 4월의 달력이에요. 규칙을 이용하여 문제를 풀어 보세요.

(1) 4월 3일과 같은 수요일에 있는 날짜는 며칠일까요?
(2) 4월 28일은 무슨 요일일까요?

수가 아닌 모양에도 배열 규칙이 있나요?

모형으로 만든 도형의 배열에서 규칙을 찾아 보세요.

첫째　둘째　셋째　넷째

수가 아닌 모양에도 규칙이 있다고?

어떻게?!

모양에도 규칙이 있다니요? 규칙을 어떻게 찾죠?

하하. 차근차근 생각해 보렴.

여기서 찾을 수 있는 규칙은?

오른쪽으로 갈수록 층이 하나씩 늘어나요.

첫째　둘째　셋째　넷째

1층　2층　3층　4층

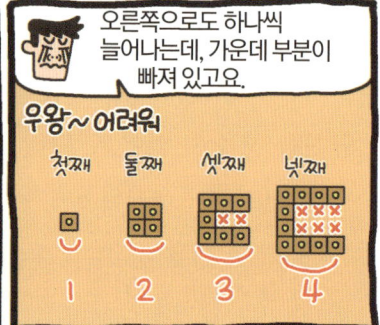

오른쪽으로도 하나씩 늘어나는데, 가운데 부분이 빠져 있고요.

우왕~ 어려워

첫째　둘째　셋째　넷째

1　2　3　4

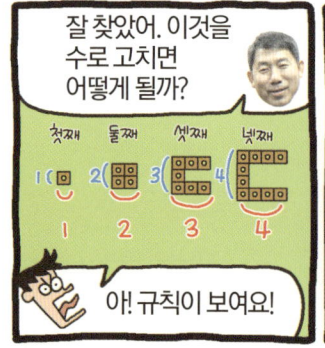

잘 찾았어. 이것을 수로 고치면 어떻게 될까?

첫째　둘째　셋째　넷째

1　2　3　4

아! 규칙이 보여요!

제가 말한 것을 수로 함께 써 놓으니 이해가 돼요!

오른쪽으로 갈수록 1층씩, 1칸씩 더 생기고 있어요.

불끈 불끈

이 규칙대로라면 다섯째는 이렇게 돼요.

5

5

뻥 뻥

7

7

일곱째는 이렇게요!

100번째는!

이렇게

이, 이제 그만…

모양의 변화를 잘 살피면 규칙을 찾을 수 있어요.

 "큐브를 이용해 규칙을 만들 때 큐브의 개수와 방향을 바꿔도 돼요?"

규칙을 만들 때 제한은 없어요. 따라서 큐브의 모양, 개수, 방향, 색 등 여러 가지를 혼합할 수도 있지요. 하지만 너무 많은 규칙을 사용하면 규칙 찾기가 힘들어질 거예요.

다음에서 규칙을 찾아 일곱째 모양을 만들어 보세요.

> ● **연결큐브**
>
> 링크큐브, 스냅큐브, 멀티큐브 등으로 불리며 여러 회사의 다양한 제품이 있어요. 인터넷 등에서 쉽게 구할 수 있어 수 세기, 규칙 찾기, 쌓기나무 대용 등으로 다양하게 사용되지요.

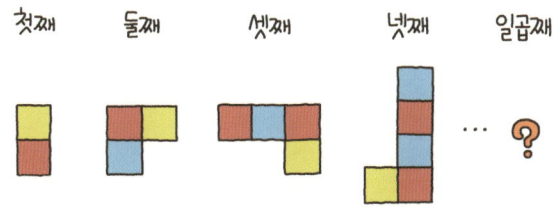

규칙을 찾기 어렵겠지만 하나씩 살피면서 찾아보세요.

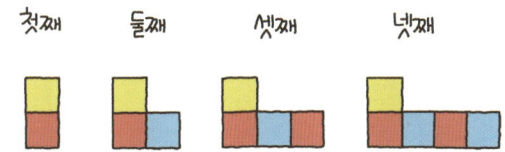

아래쪽 큐브가 하나씩 늘어나지요?

 "아래쪽 큐브가 하나씩 늘어나면서 시계 방향으로 90°씩 돌아가요."

빨간색과 파란색이 번갈아 가면서 늘어나네요. 이걸 모두 모아 보면 다음과 같아요.

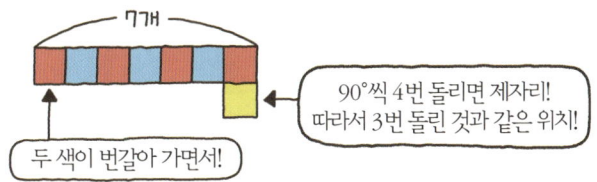

 **도전! 개념 활용**

친구와 연결큐브를 이용하여 규칙을 만들고 찾는 활동을 해 보세요.

도형과 수를 대응시킨다고요?

박사님, 피타고라스라는 분은 모든 것의 근본이 수로 되어 있다고 말한 분이죠?

그렇지. 그건 왜?

그래도 그렇지,

무슨 삼각형에서 수를 찾고 그래요?

도형수를 본 모양이구나.

도형수요?

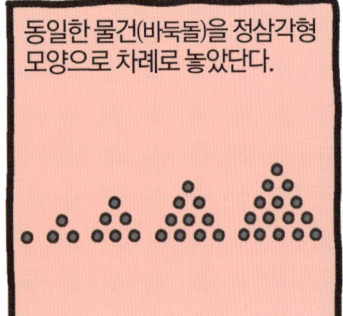

동일한 물건(바둑돌)을 정삼각형 모양으로 차례로 놓았단다.

물건(바둑돌)의 수를 늘려 가면서 정삼각형을 계속 만들고 그 수를 찾아보겠니?

1, 3, 6, 10, 15……

1 3 6 10 15

정삼각형을 이루게 하는 수라고 해서 삼각수라고 한단다.

앗! 피타고라스?

1 3 6 10 15

특정한 도형에 특정한 수를 대응시키는 것을 도형수라고 해요.

〈정답〉 100개

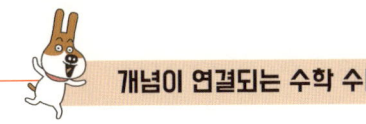
고대 수학자 피타고라스는 점을 삼각형, 사각형, 오각형 등으로 나열했을 때 표시되는 수에 흥미를 가졌답니다. 이렇게 생겨난 수가 삼각수, 사각수, 오각수라는 도형수예요. 그림과 같이 바둑돌을 하나씩 늘리며 삼각형을 만들었을 때 바둑돌의 수가 바로 삼각수예요. 삼각형 안의 바둑돌 수를 세어 보고 규칙을 찾아보세요.

순서	첫 번째	두 번째	세 번째	네 번째
바둑돌의 수	1	3	6	10

"첫 번째 1, 두 번째는 1 + 2 = 3, 세 번째는 1 + 2 + 3 = 6, 네 번째는 1 + 2 + 3 + 4 = 10이에요."

그럼 이번에는 사각수예요. 정사각형 안의 바둑돌 개수를 세어 규칙을 찾아보세요.

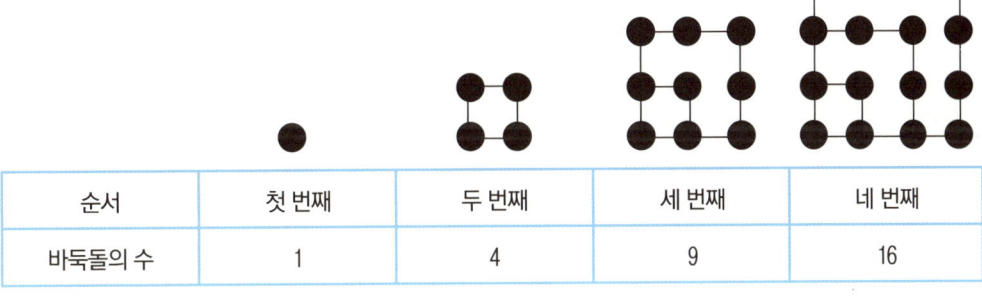

순서	첫 번째	두 번째	세 번째	네 번째
바둑돌의 수	1	4	9	16

"첫 번째는 1, 두 번째는 1 + 3 = 4, 세 번째는 1 + 3 + 5 = 9, 네 번째는 1 + 3 + 5 + 7 = 16이 되는 규칙이에요."

맞아요. 다르게 보면, 첫 번째는 1 × 1, 두 번째는 2 × 2, 세 번째는 3 × 3이기도 해요.

도전! 개념 활용

사각수에서 열 번째 정사각형의 바둑돌 수는 모두 몇 개일까요?

계산식에도 규칙이 있어요?

1을 이용한 곱셈식은 재미있어요.

맞아.

규칙이 있어 계산을 하지 않고도 답을 찾을 수 있지.

어떤 규칙이 있을까?

문제에서 1이 하나씩 늘어나요.

곱한 답이 1, 121, 12321로 단계가 올라갈수록 자릿수가 두 자리 늘어나죠.

가운데 가장 큰 수가 단계를 나타내고요.

잘 찾았구나. 그런데 직접 계산해 보면 왜 그런지도 알 수 있단다.

다섯 자리끼리의 곱이면 1이 5줄에 반복되는 거네요.

정말 신기해요!

계산 도구를 이용하여 계산식에서 규칙을 찾아보세요.

〈정답〉 $1 + 2 + 3 + 4 + 5 + 6 + 5 + 4 + 3 + 2 + 1 = 36$

다음 덧셈식에 대한 규칙을 찾아볼까요?

순서	덧셈식
첫째	$1 + 2 + 1 = 4$
둘째	$1 + 2 + 3 + 2 + 1 = 9$
셋째	$1 + 2 + 3 + 4 + 3 + 2 + 1 = 16$
넷째	$1 + 2 + 3 + 4 + 5 + 4 + 3 + 2 + 1 = 25$

> ● **계산기의 규칙**
> 계산기에서 $0 + 2 =, =, =, \cdots$을 눌러 보세요. 2씩 더해져서 계산되는 것을 알 수 있어요. 같은 방법으로 $100 - 2 =, =, \cdots$나 $1 \times 2 =, =, \cdots$을 하면 마지막 계산이 반복돼요. 이를 이용하면 재미있는 계산 규칙을 만들 수 있지요.

 "1부터 순서대로 덧셈식의 가운데 수가 커지고 있어요."

또 계산한 결과는 가운데 가장 큰 수를 2번 곱한 것과 같지요.

이 덧셈식의 규칙을 그림으로 나타내어 보았어요.

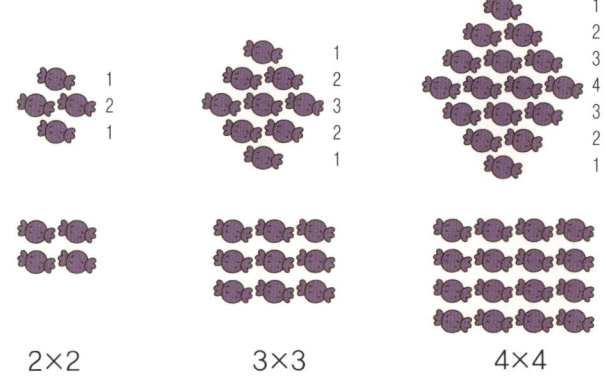

2×2　　　　3×3　　　　4×4

 "아! 앞에서 배운 사각수와 같아요."

그림을 수식으로 나타내어 보거나 수식을 그림으로 나타내어 보면 규칙을 찾는 데 많은 도움이 된답니다.

도전! 개념 활용

앞의 문제에서 다섯째 덧셈식을 구해 보세요.

같은 문제에서 왜 규칙이 다르게 나와요?

 **규칙은 여러 가지일 수 있어요.**

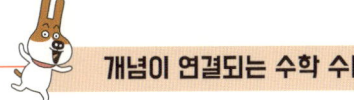

● 패턴 블록
패턴을 탐구하기 위해 개발된 교구예요. 6개의 기본 도형으로 합동, 대칭, 닮음, 넓이, 둘레의 길이 등을 학습할 수 있답니다.

정육각형   사다리꼴   평행사변형

정삼각형   정사각형   마름모

"규칙 찾기가 수학과 어떤 관련이 있어요?"

규칙 찾기는 수학의 한 분야예요. 흔히 규칙을 패턴이라고 하지요. 패턴은 수, 도형, 무늬 등을 일정한 규칙에 따라 늘어놓은 것을 말해요. 패턴은 일상생활이나 자연에서 다양하게 발견되며, 다양한 상황에서 규칙을 찾는 것은 아주 중요한 수학적 능력이랍니다.

패턴 블록을 이용해서 규칙을 찾고 다음에 올 도형을 예상해 보세요.

"다시 삼각형이 와서 세 도형이 반복될 것 같아요."

그렇게 이유가 타당하면 규칙이 돼요. 다른 규칙도 찾아볼 수 있어요. 삼각형의 넓이만큼 커지므로 삼각형을 하나 더 붙일 수 있지요.

 **도전! 개념 활용**

패턴 블록을 이용하여 다양한 규칙을 만들어 보세요.

4학년 2학기

2학기에는 무엇을 배우나요?

4학년 2학기		
단원 및 영역	**주제**	**공부할 내용**
1. 분수의 덧셈과 뺄셈 수와 연산	• 분모가 같은 분수의 덧셈과 뺄셈하기 • 분수의 덧셈의 계산 원리와 방법 이해하기 • 분수의 뺄셈의 계산 원리와 방법 이해하기	1. 분수 부분끼리의 합이 1보다 큰 두 분수의 덧셈 원리를 이해하고 계산한다. 2. 분수 부분끼리 뺄 수 있는 두 분수의 뺄셈 원리를 이해하고 계산한다. 3. (자연수)÷(분수)의 계산 원리를 이해하고 계산한다. 4. 분수 부분끼리 뺄 수 없는 두 분수의 뺄셈 원리를 이해하고 계산한다. 5. 분수의 덧셈과 뺄셈을 활용하여 생활 속 문제를 해결한다.
2. 삼각형 도형과 측정	• 여러 가지 삼각형 이해하기 • 삼각형 분류하기	1. 삼각형을 각의 크기에 따라 분류한다. 2. 직각삼각형, 예각삼각형, 둔각삼각형이 무엇인지 알고 성질을 이해한다. 3. 삼각형을 변의 길이에 따라 분류한다. 4. 이등변삼각형, 정삼각형의 의미를 알고 성질을 이해한다.
3. 소수의 덧셈과 뺄셈 수와 연산	• 소수의 덧셈과 뺄셈하기 • 소수 사이의 관계 이해하기 • 소수의 덧셈과 뺄셈의 계산 원리 이해하기	1. 소수 두 자리 수와 소수 세 자리 수를 이해하고 쓰고 읽는다. 2. 소수 사이의 관계를 안다. 3. 소수의 크기를 알고 두 소수의 크기를 비교한다. 4. 소수 한 자리 수와 소수 두 자리 수 범위의 덧셈과 뺄셈의 계산 원리를 이해하고 계산한다. 5. 1보다 큰 소수 두 자리 수 범위의 덧셈과 뺄셈의 계산 원리를 이해하고 계산한다. 6. 소수의 덧셈과 뺄셈을 해결하기 위한 다양한 방법을 찾는다.

4학년 2학기		
단원 및 영역	주제	공부할 내용
4. 사각형 도형과 측정	• 도형의 기초 이해하기 • 여러 가지 사각형의 성질 이해하기 • 사각형의 관계 이해하기	1. 직각을 찾고, 수직과 수선을 이해한다. 2. 두 직선의 수직 관계와 평행 관계를 이해한다. 3. 평행선 사이의 거리를 이해하고 그 거리를 잰다. 4. 평행사변형을 이해하고 찾을 수 있으며, 그 성질을 설명한다. 5. 마름모를 이해하고 찾을 수 있으며, 그 성질을 설명한다. 6. 직사각형과 정사각형의 성질을 이해한다.
5. 꺾은선그래프 자료와 가능성	• 꺾은선그래프 이해하기 • 꺾은선그래프 그리기	1. 꺾은선그래프의 특징을 이해한다. 2. 주어진 자료나 표를 보고 꺾은선그래프를 그린다. 3. 꺾은선그래프의 의미를 안다. 4. 여러 가지 자료를 모으고 나누고 정리하여 꺾은선그래프로 나타낸다.
6. 다각형 도형과 측정	• 다각형의 의미 이해하기 • 대각선의 의미 이해하기 • 대각선 그리기	1. 다각형과 정다각형을 이해하고 찾는다. 2. 다각형과 정다각형의 뜻을 말한다. 3. 대각선을 이해하고 대각선을 그린다. 4. 모양 조각으로 여러 가지 모양을 만든다. 5. 주어진 도형을 이용하여 여러 가지 모양을 만들거나 채운다.

분수를 그림으로 어떻게 나타내요?

박사님! 분수를 그림으로 어떻게 나타내요?

하하. 진정해라.

분수를 그림으로 나타내는 방법은 아주 많단다.

꼭 하나로 정해진 것은 아닌가 보네요.

먼저 원으로 나타내어 볼까? $\frac{2}{4}$가 어떤 수인지 알고 있니?

전체를 똑같이 4로 나눈 것 중 2개라는 뜻이지요!

그렇지! 원을 4조각으로 똑같이 나눈 것 중에서 2조각을 뜻하지.

와~ 말 그대로 그리면 되네요.

다른 도형으로 그리려면?

마찬가지로 분모의 수만큼 똑같은 크기의 조각으로 나눈 다음 분자만큼 표시해요.

$\frac{3}{6}$　$\frac{6}{8}$

히히! $\frac{2}{4}+\frac{1}{4}$은 $\frac{3}{4}$이었구나. 쉽네!

$\frac{2}{4}+\frac{1}{4}=\frac{3}{4}$

 분수를 그림으로 나타낼 때 전체를 분모의 수로 똑같이 나누고 분자만큼 표시해요.

〈정답〉(1)　(2)

"하나의 분수를 여러 가지 방법으로 표현할 수 있어요?"

원을 하나 그리고 전체에 색칠을 했어요. 전체를 1이라고 약속합시다.

● 분수 읽기
분수를 읽고 표현해 보는 과정을 통해 분수에 대한 수 감각을 기를 수 있어요.

이때 1을 원으로만 나타낼 수 있는 것은 아니에요. 삼각형, 사각형, 띠 모양, 오각형, 별 모양, 수직선 등 다양한 방법으로 1을 나타낼 수 있어요.

그런데 분수를 나타내려면 전체를 '분모'만큼, 같은 크기의 조각들로 나눠야 해요. 그다음, 나뉜 조각들 중 '분자'만큼을 색칠하면 분수가 표현돼요.

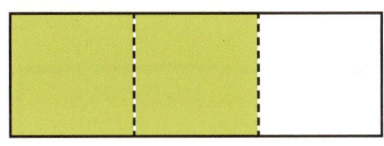

띠 1개를 1로 정하고, 띠를 모양과 크기가 같은 3개의 조각으로 나누었어요. 그럼 분모는 3이에요. 그리고 그중 2개에 색칠을 했으니 분자는 2가 되지요.

즉, 이 그림은 $\frac{2}{3}$를 나타낸답니다.

도전! 개념 활용

다음 분수를 그림으로 나타내어 보세요.

(1) $\frac{2}{3}$

(2) $\frac{9}{12}$

$\frac{2}{4} + \frac{1}{4} = \frac{3}{8}$ 맞죠?

같은 자리에 있는 수끼리 더하는 거 아니에요?

그건 자연수의 덧셈이야.

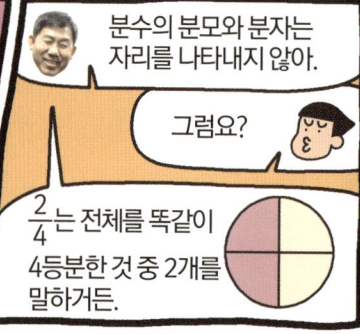

분수의 분모와 분자는 자리를 나타내지 않아.

그럼요?

$\frac{2}{4}$ 는 전체를 똑같이 4등분한 것 중 2개를 말하거든.

그건 알아요.

그래. $\frac{1}{4}$ 은 전체를 4등분한 것 중 1개이겠지?

당근 이죠.

그럼 $\frac{2}{4}$ 와 $\frac{1}{4}$ 을 더했다는 건…

오옷! $\frac{3}{4}$ 이 돼요!

$\frac{2}{4} + \frac{1}{4} = \frac{3}{4}$

게다가 $\frac{3}{8}$ 은 그림으로 그리면 $\frac{3}{4}$ 과는 전혀 다른 그림이 나오지.

아, 그러네요!

$\frac{3}{4}$　$\frac{3}{8}$

그래서 분모가 같은 분수의 덧셈은?

분모는 그대로 두고 분자끼리 더할 것!

$\frac{2}{4} + \frac{1}{4} = \frac{2+1}{4} = \frac{3}{4}$

분모가 같은 분수의 덧셈은 단위분수의 개수를 더해서 계산해요.

〈정답〉

0　　　1　　$\frac{5}{3}$　2

"수직선에 분수를 나타낼 수 있어요?"

수직선은 일정한 간격으로 눈금을 표시해 수를 나타낸 직선이에요. 수직선에서는 오른쪽으로 갈수록 수가 커지고, 왼쪽으로 갈수록 수가 작아진답니다.

> **● 개념 이해하기**
> 분수의 덧셈에서 분모는 분모끼리, 분자는 분자끼리 더하는 오류가 매우 흔히 일어나지요. 개념을 이해하면 이런 실수를 고칠 수 있어요.

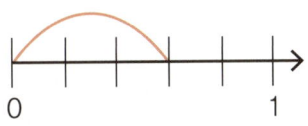

빨간색으로 표시한 만큼을 분수로 어떻게 읽을까요?

먼저 0과 1 사이가 몇 칸인지 살펴봐요.

0부터 1까지가 5칸으로 똑같이 나뉘어 있으므로 작은 눈금 1칸의 크기는 $\frac{1}{5}$이라고 할 수 있어요.

그리고 그중 3칸이 빨간색으로 표시되어 있지요.

0에서부터 $\frac{1}{5}$씩 3칸 오른쪽으로 이동했으니 $\frac{3}{5}$이라고 읽는답니다.

단위분수 $\frac{1}{5}$씩을 세어 가며 0부터 1까지 눈금을 읽어 볼까요?

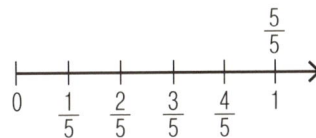

$\frac{5}{5}$처럼 분모와 분자가 같은 분수는 자연수 1과 같다는 사실도 기억해 두세요.

 **도전! 개념 활용**

$\frac{5}{3}$의 위치에 점을 찍어 보세요.

대분수를 가분수로 어떻게 고쳐요?

가분수란 분자가 분모보다 큰 수를 말해. $\frac{5}{3}$처럼.

가분수, 대분수란 무엇일까요?

대분수란 자연수와 분수가 함께 있는 걸 말하지. $1\frac{2}{3}$처럼.

그럼 대분수를 가분수로 고치려면 어떻게 하면 될까요?

왜, 왜 저한테만 그러세요?!

박사님. 대분수를 가분수로 고칠 수 있어요?

물론이지!

배웠는데 기억이 잘...

천천히 같이 해 보자. 먼저 $1\frac{2}{3}$를 그림으로 나타내면?

그건 할 수 있어요.

잘했어. 그럼 1을 나타낸 원을 똑같이 3등분해 볼까?

음, 이렇게요?

그렇지! 그럼 이 그림에는 색칠된 $\frac{1}{3}$이 몇 개 있지?

왼쪽에 3개, 오른쪽에 2개, 총 5개예요!

아! 그럼 $\frac{1}{3}$이 5개, $\frac{5}{3}$예요!

맞아. 자연수 1에는 분모만큼의 조각이 생기니까, 이렇게 생각할 수 있겠지?

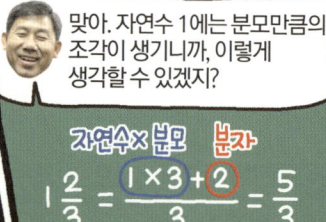

$$1\frac{2}{3} = \frac{1 \times 3 + 2}{3} = \frac{5}{3}$$

자연수 × 분모　분자

이제 알 것 같아요!

문제) $2\frac{2}{3}$를 가분수로 고치세요

쿡쿡. 8조각 이니까 $\frac{8}{3}$이 정답이군!

탁!

$\frac{8}{3}$

재 뭐야. 천재 아냐?

뜨어

대분수 ▲$\frac{■}{★}$은 $\frac{▲ \times ■ + ★}{★}$을 통해 가분수로 고칠 수 있어요.

〈정답〉

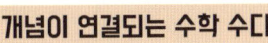

 "이집트 분수와 단위분수는 무슨 연관이 있어요?"

오래전 이집트에서는 물건을 똑같이 나누기 위해 '단위분수'와 같이 분자가 1인 분수를 사용했어요. 이는 이집트 신화 '호루스의 눈'과 관련이 있어요.

● 단위분수
대분수를 가분수로, 가분수를 대분수로 고칠 때 단위분수가 몇 개인지 생각해 보면 쉽게 해결할 수 있어요.

이집트의 신 중 인간의 눈과 매의 눈을 가진 호루스란 신이 있었어요. 어느 날, 호루스의 아버지 오시리스가 자신의 동생인 악의 신 세트에게 죽임을 당해요. 이후 호루스는 세트와 80년 동안 전쟁을 해서 복수에 성공합니다. 그런데 그 과정에서 왼쪽 눈을 잃고 말아요. 세트는 호루스의 왼쪽 눈을 6조각 내어 이집트 전 지역에 뿌려 버렸다고 해요.

그러자 다른 신들이 눈 조각들을 모아 기적적으로 원래 모습을 되찾아 주었다고 합니다.

이 신화를 근거로 이집트인들은 눈 전체를 1이라 생각하고 눈에 6개의 분수를 적어 넣었어요. 그런데 이들은 단위분수만을 사용했기 때문에 지금과는 다르게 분수를 사용했어요.

만약 빵 2개를 3명이 나누어 먹는다면, 우리는 전체 2를 3으로 나누어 $\frac{2}{3}$로 표시하지만 이집트에서는 먼저 빵을 반씩 잘라 1조각씩 나누고, 남은 것을 다시 3조각으로 나누어 가졌어요.

우리가 빵 2개를 3명이 나눌 때 사용하는 분수

이집트 사람들이 빵 2개를 3명이 나눌 때 사용했던 분수

$$\frac{1}{3} + \frac{1}{3} = \frac{2}{3}$$

$$\frac{1}{2} + \frac{1}{6}$$

 도전! 개념 활용

빵 3개를 5명이 나눌 때 한 사람이 갖는 양을 이집트 사람들의 방법을 이용해 그림으로 나타내어 보세요.

대분수의 덧셈은 어떻게 해요?

자연수는 자연수끼리, 분수는 분수끼리 더하면 되지 않을까?

$2\dfrac{3}{5} + 1\dfrac{2}{5} =$

답은 $3\dfrac{5}{5}$야!

뭔가 이상한데…?

흠. 가분수로 고친 다음에 더해야 할 것 같은데…?

박사님! 제 방법이 맞죠?

아니에요! 제 방법이 맞아요!

각자 풀이 방법을 설명해 보세요.

저는 자연수는 자연수끼리, 분수는 분수끼리 더했어요.

$$2\dfrac{3}{5} + 1\dfrac{2}{5} = (2+1) + \left(\dfrac{3}{5} + \dfrac{2}{5}\right)$$
$$= 3 + \dfrac{5}{5}$$
$$= 3 + 1$$
$$= 4$$

저는 두 수 모두 가분수로 고쳐서 더했어요.

$$2\dfrac{3}{5} + 1\dfrac{2}{5} = \dfrac{13}{5} + \dfrac{7}{5}$$
$$= \dfrac{20}{5}$$
$$= 4$$

어라? 답이 같네!

그렇지?

그런데 답이 분수가 아니니까 이상해요.

그러게요. 저 답이 정말 맞아요?

그림으로 확인해 볼까?

윗줄은 $2\dfrac{3}{5}$, 아랫줄은 $1\dfrac{2}{5}$야. 자연수 부분과 분수 부분을 각각 더해도 4 맞지?

이번엔 모두 5등분을 해서 조각의 수를 더해 볼까? $\dfrac{1}{5}$이 20개 있으니 역시 4네?

이제 알겠어요.

분수와 자연수는 친구였어요.

훈훈한 분위기~ 좋아!

대분수의 덧셈은 자연수끼리 분수끼리 각각 더해서 계산해요.

〈정답〉 $2\dfrac{1}{4}$, 4

"대분수는 크기가 커서 대분수예요?"

대분수가 분수와 자연수를 더한 것이다 보니 대분수의 '대'를 한자로 '큰 대(大)'라고 생각하는 경우가 많아요.

하지만 대분수의 '대'는 '띠 대(帶)'예요.

이 한자는 왕이 허리에 두르던 띠를 뜻하다가 넓은 의미로 '허리에 차고 다니다', '데리고 다니다'라는 뜻으로 사용되기 시작했어요.

따라서 자연수를 데리고 있는 분수라고 생각하면 이 한자가 잘 어울릴 거예요. 마찬가지 의미로 북한에서 대분수는 '데림분수'예요.

북한에서는 1960년대 중반부터 한자어와 외래어를 순우리말로 바꾸는 '문화어' 작업을 했어요. 그래서 지금 우리가 사용하는 말과 북한에서 사용하는 말이 다른 경우가 많아요. 수학 교과서에 쓰인 말도 다른 것이 많답니다.

● 대분수
대분수를 더하는 과정을 이해하고 계산 연습을 하는 것이 좋아요.

 도전! 개념 활용

색칠된 부분의 합을 구하는 식이에요. 빈칸에 알맞은 수를 써넣으세요.

 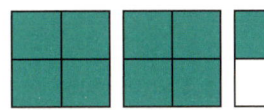

$$1\frac{3}{4} + \boxed{} = \boxed{}$$

$1\frac{3}{8} - \frac{5}{8}$ 를 어떻게 계산해요?

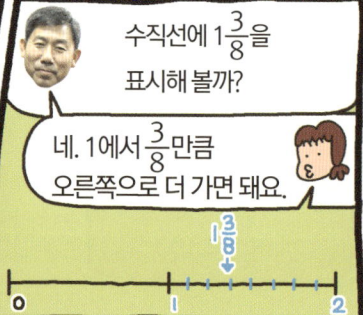

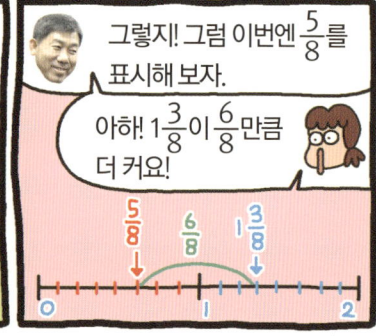

(대분수) - (진분수)는 대분수의 자연수에서 1만큼을 가분수로 바꿔 계산해요.

〈정답〉 $1\frac{2}{8} - \frac{5}{8} = \frac{5}{8}$, 형이 $\frac{5}{8}$판 더 많이 먹었어요

 "뺄셈에는 어떤 상황이 있나요?"

뺄셈에는 제거를 하는 상황과 비교를 하는 상황이 있어요.

케이크가 2개 있는데 동생에게 1개의 $\frac{1}{3}$을 주었다. 케이크가 얼마나 남았을까?

● 분수의 뺄셈
분자만 비교하여 큰 수에서 작은 수를 빼려고 하면 안 돼요. 뺄셈 기호를 기준으로 분수의 크기를 생각해 보세요.

처음에 있던 케이크에서 동생에게 준 케이크를 없애는 상황이에요. 식을 세우면 $2 - \frac{1}{3}$이고, 이것을 계산하면 $2 - \frac{1}{3} = \frac{6}{3} - \frac{1}{3} = \frac{5}{3} = 1\frac{2}{3}$입니다.

1모둠에는 피자가 $\frac{3}{4}$판 남았고, 2모둠에는 피자가 $1\frac{1}{4}$판 남았다. 피자가 어느 모둠에 얼마나 더 많이 남았나?

두 양이 얼마나 차이가 나는지 비교하는 상황이에요.

차이를 구하기 위해서는 큰 수에서 작은 수를 빼지요.

$1\frac{1}{4} - \frac{3}{4} = \frac{5}{4} - \frac{3}{4} = \frac{2}{4}$이므로 2모둠에 $\frac{2}{4}$판의 피자가 더 남았습니다.

도전! 개념 활용

문장에 어울리는 식을 쓰고 답을 구해 보세요.

나는 피자를 $\frac{5}{8}$판 먹었고, 형은 $1\frac{2}{8}$판 먹었어요. 누가 얼마나 더 많이 먹었나요?

식 : _____   답 : _____

시간을 분수로 나타낼 수 있나요?

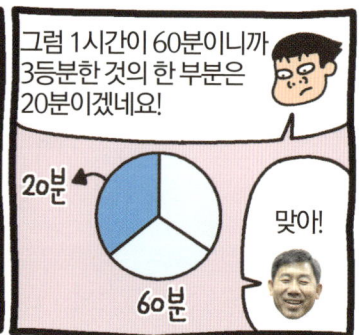

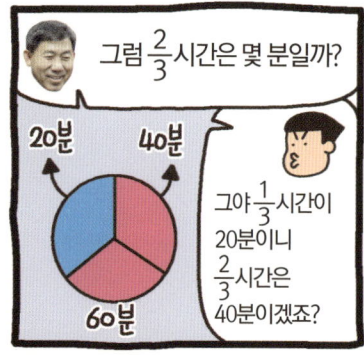

전체에 대한 부분의 크기를 나타낼 때 분수를 사용할 수 있어요.

〈정답〉 $\frac{50}{180}$ 분

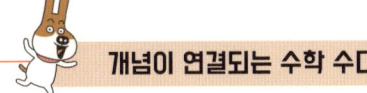

 "전체에 대한 부분을 나타낼 때만 분수를 사용해요?"

분수는 여러 가지 의미를 가지고 있어요.

우선 우리가 가장 쉽게 떠올리는 분수의 의미로는 전체에 대한 부분이 있지요.

예를 들어, 피자 1판을 8조각으로 나눈 것 중 3조각을 $\frac{3}{8}$으로 나타내지요.

● 분수의 의미
분수의 의미를 생각해 보면 크기 비교, 연산에서 나타나는 여러 실수를 줄일 수 있어요.

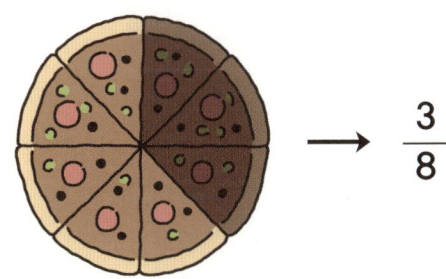

$$\longrightarrow \quad \frac{3}{8}$$

또 1시간 중 20분은 $\frac{20}{60}$으로 나타내요.

이 밖에 분수는 자연수의 얼마만큼인지 양을 알아볼 때도 사용돼요. 즉, 12개의 $\frac{1}{3}$만큼을 나타낼 때 분수를 사용하지요.

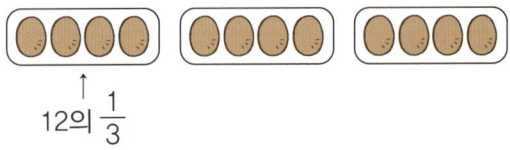

12의 $\frac{1}{3}$

분수는 (자연수) ÷ (자연수)에서 나눗셈의 몫을 나타내기도 하고, 기준값에 대한 비교하는 양을 나타내기도 하는데, 이런 의미로 분수를 사용하고 문제를 해결하는 방법은 5학년, 6학년에서 공부하게 된답니다.

 도전! 개념 활용

3시간 동안 책을 읽었는데 그중 50분 동안 동시집을 읽었어요. 동시집을 읽은 시간을 분수로 나타내어 보세요.

예각이 2개나 있는데 왜 둔각삼각형이에요?

 세 각이 모두 예각이면 예각삼각형, 한 각이 둔각이면 둔각삼각형이에요.

〈정답〉 (1) 둔각삼각형 (2) 직각삼각형 (3) 예각삼각형 (4) 이등변삼각형 (5) 정삼각형

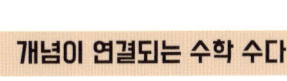

삼각형의 각을 살펴보아요.

둔각삼각형에서 한 각은 둔각이므로 둔각삼각형은 90°보다 큰 각을 하나 갖습니다. 그런데 삼각형의 세 각의 합은 180°예요. 따라서 나머지 두 각을 더한 값은 90°보다 작지요. 즉, 나머지 두 각은 항상 예각이에요.

직각삼각형은 직각이 하나 있는 삼각형이에요. 그럼 직각삼각형의 나머지 두 각의 합은 90°이지요. 따라서 나머지 두 각은 예각이에요.

직각삼각형 중 특히 나머지 두 각이 각각 45°로 같으면 직각이등변삼각형이라고 해요.

> ● 도형의 이름
> 도형의 이름을 잘 살펴보면 도형의 특징을 알 수 있어요.

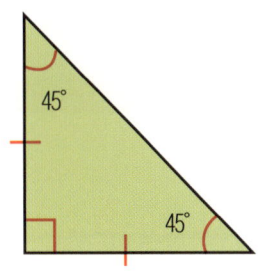

도전! 개념 활용

삼각형의 분류 기준에 맞도록 알맞은 이름을 써 보세요.

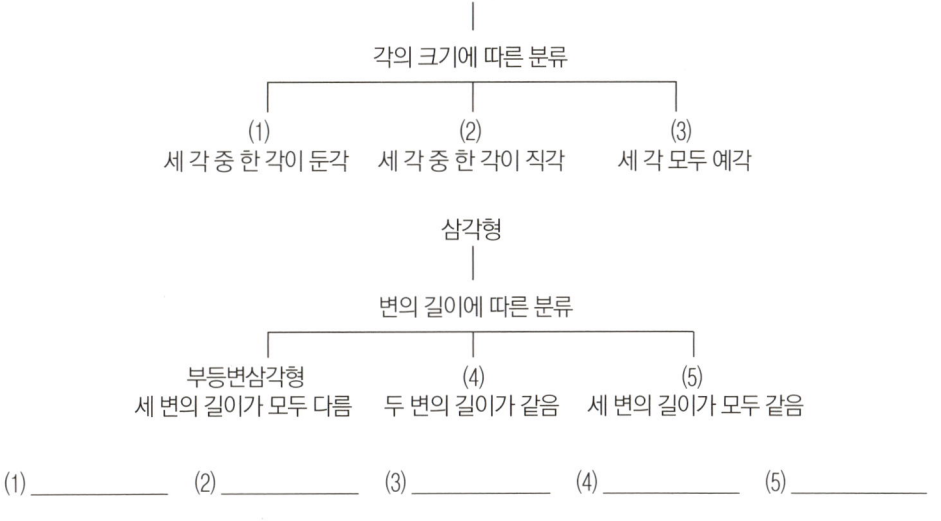

(1) _____ (2) _____ (3) _____ (4) _____ (5) _____

두 변이 길이가 같고 두 각의 크기도 같다고요?

 이등변삼각형은 두 밑각의 크기가 같아요.

〈정답〉 ㉠ 5cm ㉡ 3cm

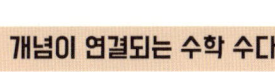

 "이등변삼각형의 뜻과 성질은 뭐예요?"

이등변삼각형의 뜻은 '두 변의 길이가 같은 삼각형'이에요. 두 변의 길이가 같은 삼각형은 모두 이등변삼각형이라고 부르도록 약속한 것이지요.

이등변삼각형에서 길이가 같은 두 변이 이루는 각을 꼭지각이라고 해요. 그림의 이등변삼각형 ㄱㄴㄷ에서는 각 ㄱ이 꼭지각이에요.

꼭지각과 마주 보고 있는 선분 ㄴㄷ를 이등변삼각형의 밑변이라 하고, 밑변의 양 끝에 있는 각을 밑각이라고 해요.

모든 이등변삼각형들이 공통적으로 가지고 있는 특징들을 '이등변삼각형의 성질'이라고 해요. 이등변삼각형의 성질에 대해 알아볼까요?

● **도형의 뜻과 성질**
도형의 뜻과 성질을 잘 알아 두면 도형의 넓이, 둘레 등을 구하는 문제를 풀 때 도움이 돼요.

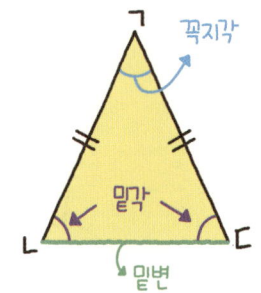

① **이등변삼각형의 두 밑각의 크기는 같다.**

② **이등변삼각형의 꼭지각을 이등분하는(2개로 똑같이 나누는) 선은 밑변을 수직이등분한다.**

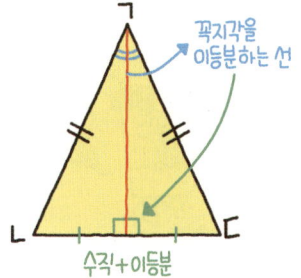

 **도전! 개념 활용**

㉠, ㉡의 길이를 쓰세요.

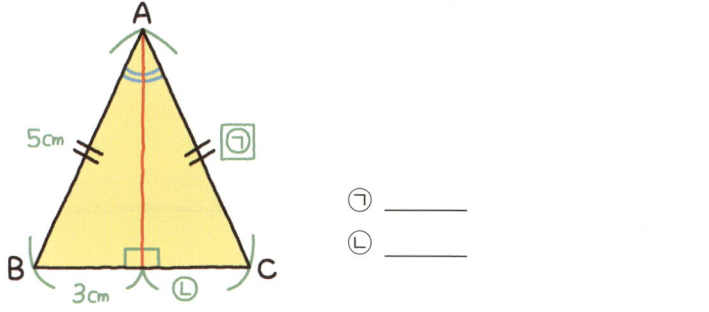

㉠ _____

㉡ _____

정삼각형도 이등변삼각형인가요?

박사님, 정삼각형을 표시해야 할지 말지 고민이에요.

왜 그렇게 생각하니?

정삼각형이라고 이름도 따로 있는데 이등변삼각형이라고 하자니 왠지 어색해요.

나름

진지

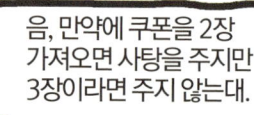   

음, 만약에 쿠폰을 2장 가져오면 사탕을 주지만 3장이라면 주지 않는대.

어떻겠니?

말도 안 되죠!

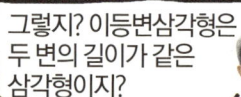

그렇지? 이등변삼각형은 두 변의 길이가 같은 삼각형이지?

네. 두 각의 크기도 같구요.

이등변삼각형

정삼각형을 자세히 보자. 세 변의 길이와 세 각의 크기를 재어 보겠니?

정삼각형

세 변의 길이가 모두 같고 세 각의 크기가 모두 60°예요.

아! 정삼각형은 이미 이등변삼각형이 될 자격을 갖췄네요?

그렇지.

정삼각형도 이등변삼각형이라고 할 수 있어요.

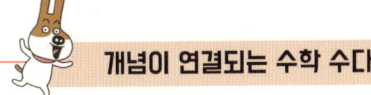

정삼각형을 한번 그려 볼까요?

● 컴퍼스 이용하기
컴퍼스는 원을 그릴 때도 사용하지만 같은 길이의 선분을 그릴 때도 사용할 수 있어요.

(1) 컴퍼스 이용하기

① 선분을 1개 긋는다.

② 컴퍼스를 선분의 길이만큼 벌려 선분의 양 끝에서 선분의 길이를 반지름으로 하는 원의 일부를 그린다.

③ 두 원의 일부분이 만난 점과 선분의 양 끝을 이어 삼각형을 그린다.

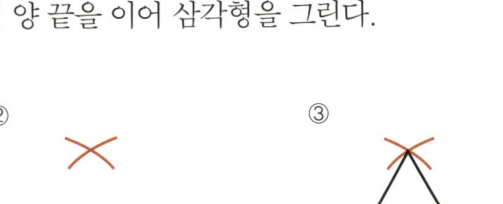

(2) 각도기 이용하기

① 선분을 1개 긋는다.

② 선분의 한쪽 끝에서 각도기를 사용해 60°의 각을 그린다. 선분의 길이는 처음에 그린 선분과 비슷하거나 더 길게 한다.

③ 선분의 다른 쪽 끝에서 각도기를 사용해 60°의 각을 그린다. 새로 그린 두 선분이 만나는 곳까지 선분을 긋는다.

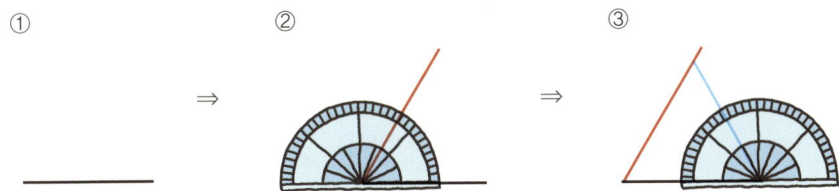

도전! 개념 활용

한 변의 길이가 3cm인 정삼각형을 그려 보세요.

선분이 3개인데 삼각형은 아니에요.

박사님, 이 3개의 변으로는 삼각형이 안 그려져요.

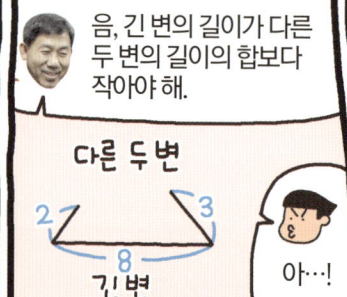

음, 긴 변의 길이가 다른 두 변의 길이의 합보다 작아야 해.

다른 두 변

긴 변

아…!

긴 변이 8이고 나머지 두 변은 2하고 3이니까…

긴 변　　다른 두 변의 합
8 > 2+3 = 5

삼각형의 변의 길이는 가장 긴 변의 길이가 다른 두 변의 길이의 합보다 작아야 한단다.

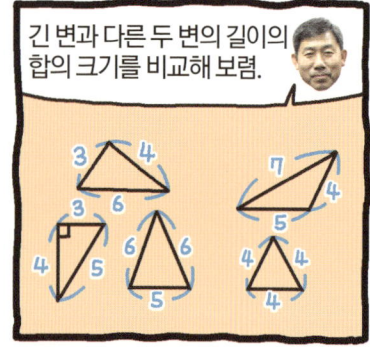

긴 변과 다른 두 변의 길이의 합의 크기를 비교해 보렴.

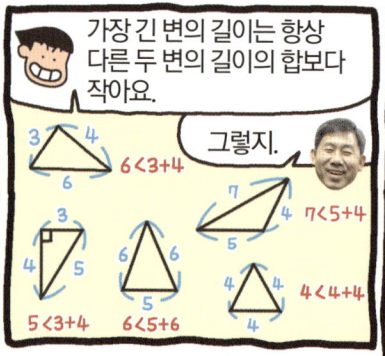

가장 긴 변의 길이는 항상 다른 두 변의 길이의 합보다 작아요.

그렇지.

6<3+4
7<5+4
5<3+4　6<5+6　4<4+4

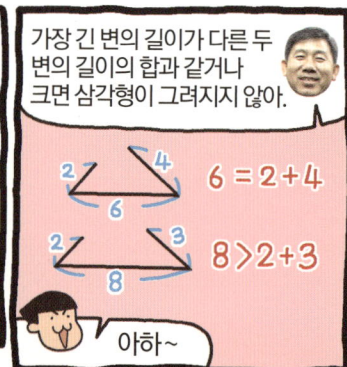

가장 긴 변의 길이가 다른 두 변의 길이의 합과 같거나 크면 삼각형이 그려지지 않아.

6 = 2+4
8 > 2+3

아하~

삼각형의 가장 긴 변의 길이는 다른 두 변의 길이의 합보다 작아요.

여러 가지 삼각형을 분류하고 그려 볼까요?

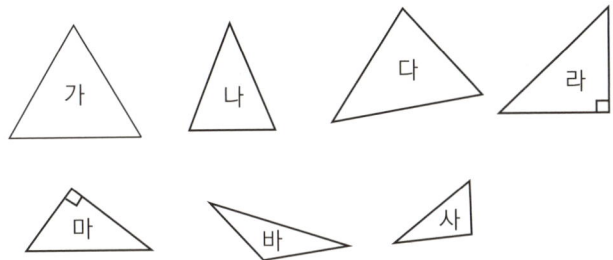

● 도형 그리기
도형을 그릴 때는 점판, 점 종이, 모눈종이를 이용하면 편리합니다. '그리드 노트'를 수학 공책으로 사용하면 사칙연산, 도형 그리기, 그래프 그리기 등에 편리한 점이 많겠지요.

변의 길이에 따라 분류해 보세요.

 "변의 길이가 모두 다른 삼각형은 다, 마, 사이고, 두 변 또는 세 변의 길이가 같은 삼각형은 가, 나, 라, 바, 세 변의 길이가 같은 삼각형은 가 하나예요."

　두 변의 길이 또는 세 변의 길이가 같은 삼각형을 이등변삼각형이라 하고 특히 세 변의 길이가 같은 삼각형은 정삼각형이라고 합니다.

이번에는 각의 크기에 따라 분류해 볼까요?

 "예각 삼각형은 가, 나, 다, 직각 삼각형은 라와 마, 바와 사는 둔각삼각형이에요."

　점 종이의 점을 꼭짓점으로 하여 예각인 이등변삼각형, 직각인 이등변삼각형, 둔각인 이등변삼각형 등 다양한 이등변삼각형을 그려 보세요.

이때 자만 사용해서 점 종이에 정삼각형도 그릴 수 있을까요?

 "정삼각형은 컴퍼스가 있어야 그릴 수 있어요."

도전! 개념 활용

점 종이나 모눈종이에 다양한 삼각형을 그려 보세요.

0.1과 0.01 그리고 0.001의 1은 다 같은 '1'이죠?

박사님, 왜 소수점 뒤에 자꾸 0을 붙이죠? 다 같은 수 1인데.

다 같다고? 아니지!

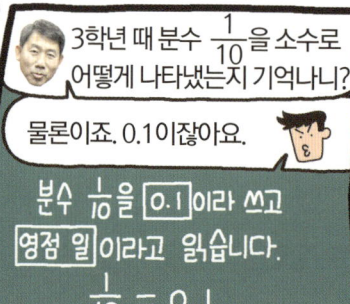

3학년 때 분수 $\frac{1}{10}$ 을 소수로 어떻게 나타냈는지 기억나니?

물론이죠. 0.1이잖아요.

분수 $\frac{1}{10}$ 을 0.1 이라 쓰고 영점 일 이라고 읽습니다.

$\frac{1}{10} = 0.1$

그럼 $\frac{1}{100}$ 을 소수로 나타내면?

그, 글쎄요. 00.1인가?

그런 생각도 좋지만 수학자들은 이렇게 약속 했지.

분수 $\frac{1}{100}$ 을 0.01 이라 쓰고, 영점 영일 이라고 읽습니다. $\frac{1}{100} = 0.01$

제 생각대로 하면 안 돼요?

안 되지. 0과 00은 같잖아. 그럼 0.1과 00.1도 같은 말이 되잖아.

아, 그러네요.

그래서 0을 붙일 때 소수점 앞이 아닌 뒤에 붙이는군요.

같은 규칙이라면 이렇게 되겠네요?

$\frac{1}{10} = 0.1$ 　 $\frac{1}{100} = 0.01$

$\frac{1}{1000} = 0.001$ 　 $\frac{1}{10000} = 0.0001$

오오! 천잰데!

분수 $\frac{1}{100}$ 은 0.01(영점 영일), 분수 $\frac{1}{1000}$ 은 0.001(영점 영영일)이에요.

〈정답〉

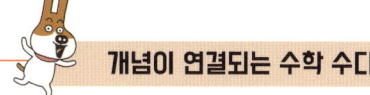

 "소수의 크기는 어떻게 알아봐요?"

모눈종이를 이용할 수 있어요.

정사각형 모눈을 자연수 1이라고 하면, 이를 10개씩 나누어 소수로 나타낼 수 있어요.

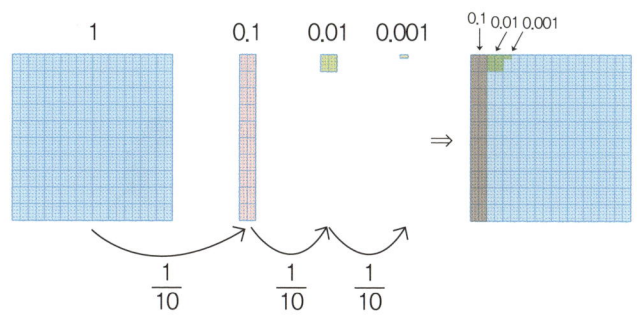

자연수에서는 1을 10씩 곱해 자릿수가 올라가고, 소수에서는 10씩 나누어 자릿수가 내려가요. 111.11을 살펴보면 각 자릿값을 알아보기 편해요.

백의 자리	십의 자리	일의 자리		소수 첫째 자리	소수 둘째 자리
1	1	1	·	1	1
100	10	1	·	0.1	0.01

$\times 10$ $\times 10$ $\times \dfrac{1}{10}$ $\times \dfrac{1}{10}$

> ● 수 모형과 소수
> 수 모형을 이용해 소수를 나타낼 수 있어요.
>
> • 천 모형 : 1
> • 백 모형 : 0.1
> • 십 모형 : 0.01
> • 일 모형 : 0.001

 도전! 개념 활용

모눈종이에 0.45를 나타내어 보세요.

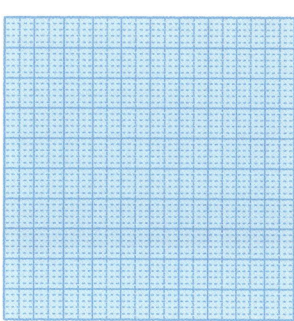

1.27을 10배 하면 12.7이 되죠?

 소수를 10배 하면 소수점이 오른쪽으로 1칸 옮겨져요.

〈정답〉 (1) 오른쪽 (2) 왼쪽

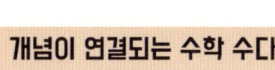

 "분수를 소수로 나타내면 어떤 점이 좋아요?"

자연수의 10진기수법을 이용해서 자연수와 같은 원리로 수의 크기 비교, 덧셈, 뺄셈을 할 수 있게 돼요.

 "10진기수법이 뭐예요?"

우리가 지금까지 배운 수 체계가 10진기수법이에요. 10개가 모이면 자릿수를 올려 주는 것으로, 같은 숫자도 자릿수의 위치에 따라 나타내는 수가 다르지요. 소수는 1보다 작은 수를 10진법에 맞춰 나타낸 것이에요.

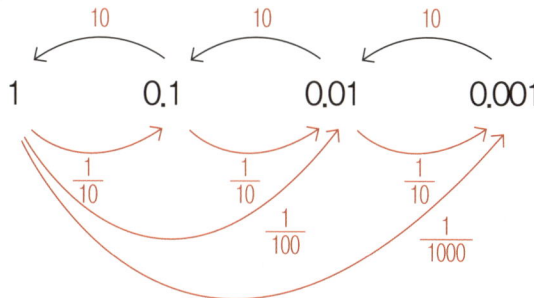

 "그래서 10배가 되면 소수점이 오른쪽으로 1칸 이동하고, $\frac{1}{10}$ 배가 되면 왼쪽으로 1칸 옮겨지는 거네요."

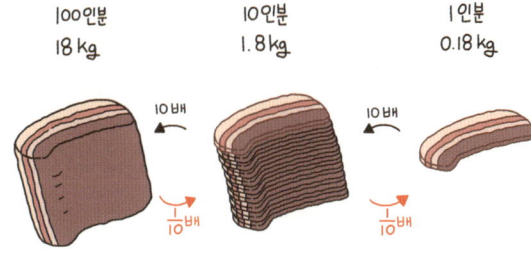

맞아요. 소수점의 위치가 바뀌는 건 자릿수가 바뀐다는 의미랍니다.

 도전! 개념 활용

알맞은 말에 ◯ 해 보세요.

(1) 소수를 10배 하면 소수점이 (오른쪽, 왼쪽)으로 1칸 옮겨져요.

(2) 소수를 $\frac{1}{10}$배 하면 소수점이 (오른쪽, 왼쪽)으로 1칸 옮겨져요.

47이 5보다 크니 0.47이 0.5보다 큰 수예요.

 소수의 크기 비교를 할 때 자연수 부분이 같으면 소수 첫째 자리 수부터 따져요.

〈정답〉(1) 〈 (2) 〉

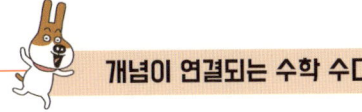

0.4와 0.40 중 어느 것이 더 큰 수일까요? 모눈종이를 이용하여 비교해 보세요.

0.4를 모눈종이에 나타내려면 0.1을 4칸 색칠해요. 0.40은 0.01을 40칸 색칠하지요.

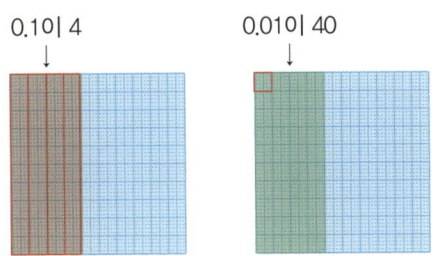

0.1이 4   0.01이 40

색칠한 부분의 크기가 같으므로 크기가 같다고 할 수 있어요.

자연수에서 수의 크기는 높은 자리의 수부터 낮은 자리의 수로 비교하지요.

소수의 크기는 소수 첫째 자리부터 둘째, 셋째, … 자리의 수로 비교한답니다.

0. 5 7 〈 0. 6

소수 첫째 자리를 비교한다

0. 5 7 ◯ 0. 5 8   ⇨   0. 5 7 〈 0. 5 8

소수 첫째 자리를 비교한다   소수 둘째 자리를 비교한다

도전! 개념 활용

두 소수의 크기를 비교하여 ◯ 안에 〉, =, 〈 를 알맞게 넣어 보세요.

(1) 4.256 ◯ 4.31   (2) 0.784 ◯ 0.783

소수를 더하면 소수가 나와야 하는 것 아닌가요?

0.3 + 0.7 = 1

 자연수 오른쪽 끝자리에 소수점과 0을 붙이면 소수가 돼요.

〈정답〉 (1) 0.85 (2) 0.95

"소수 두 자리수의 덧셈을 여러 방법으로 풀 수 있어요?"

0.69 + 0.25를 같이 해결해 봐요. 0.69는 0.01이 69개, 0.25는 0.01이 25개인 수예요. 따라서 0.69 + 0.25는 0.01이 94개인 수, 0.94예요.

수직선을 이용하여 해결할 수도 있어요.

> ● 소수의 덧셈
> 소수의 덧셈을 세로셈으로 계산할 때는 소수점끼리 맞춰 세로로 쓰고 같은 자리의 수끼리 더해요.

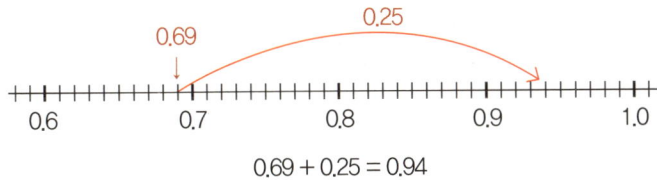

0.69 + 0.25 = 0.94

이를 식으로 써 보면 자연수의 덧셈의 원리와 같음을 알 수 있지요.

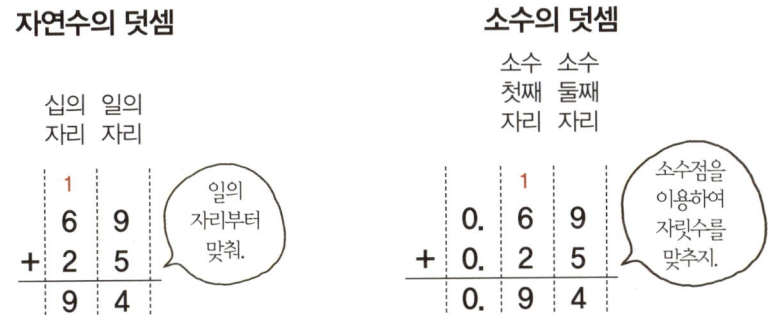

자연수의 덧셈에서 일의 자리부터 자릿수를 맞춘 것과 같이 소수의 덧셈에서는 소수점부터 자릿수를 맞춘 다음 낮은 자릿수, 즉 오른쪽부터 계산하고 10이 되면 올림을 해요.

단위소수를 맞추면 저절로 소수점이 일치하게 되지요.

도전! 개념 활용

다음을 계산하세요.

(1) 0.32 + 0.53

(2) 0.38 + 0.57

1.5 + 0.74를 어떻게 계산해요?

소수의 덧셈을 할 때는 기본 단위가 몇 개인지 세어 봐요.

〈정답〉 (1) 13.19　(2) 13.08

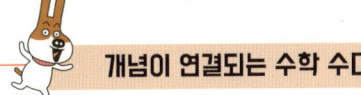

"5.34 + 3.75처럼 자연수 부분과 소수 부분이 함께 있는 수의 덧셈은 자연수끼리 계산하고 소수끼리 계산해서 더하나요?"

그래도 되지만, 소수점을 맞춰 한 번에 계산하면 간편하겠지요.

0.01을 기본 단위로 하면, 5.34는 0.01이 534개이고, 3.75는 0.01이 375개인 수입니다. 따라서 5.34 + 3.75는 0.01이 909개인 9.09가 돼요.

또 소수점의 위치를 이용해 자릿수를 맞추고 세로셈으로 계산하면 자연수의 덧셈의 원리와 같은 방법으로 해결할 수 있어요.

	자연수의 덧셈		소수의 덧셈	

자연수의 덧셈

백의 십의 일의
자리 자리 자리

```
      1
      5   3   4
  +   3   7   5
  ─────────────
      9   0   9
```

소수의 덧셈

일의 소수 소수
자리 첫째 둘째
    자리 자리

```
      1
      5.  3   4
  +   3.  7   5
  ─────────────
      9.  0   9
```

> 소수점을 이용하여 자릿수를 맞춰.

"17 + 5.03에서는 17이 소수가 아닌데, 어떻게 소수점으로 자릿수를 맞춰 계산해요?"

자연수 17을 소수 17.00으로 나타낸 다음, 자연수의 덧셈 계산 원리와 같은 방법으로 해결하면 돼요.

17 + 5.03 ⇒ 17.00 + 5.03 ⇒

```
        1
    1   7.  0   0
  +     5.  0   3
  ─────────────────
    2   2.  0   3
```

도전! 개념 활용

다음을 계산해 보세요.

(1) 7.64 + 5.55

(2) 0.38 + 12.7

1.5 - 0.7을 계산하는데 0.1의 개수는 왜 구해요?

 **소수 한 자리 수의 뺄셈을 할 때는 0.1이 몇 개인지 생각해 봐요.**

〈정답〉 (1) 1.3 (2) 1.4

개념이 연결되는 수학 수다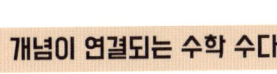

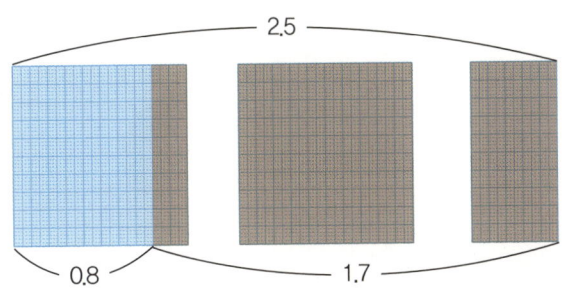 🧑 **"소수도 자연수처럼 셀 수 있어요?"**

자연수 25는 1을 기본 단위로 했을 때 1이 25개인 수예요. 마찬가지 방법으로 기본 단위를 이용하면 소수도 자연수처럼 셀 수 있어요.

예를 들어, 2.5 – 1.7이 얼마인지 알아보려면 기본 단위가 되는 0.1의 개수를 확인해요.

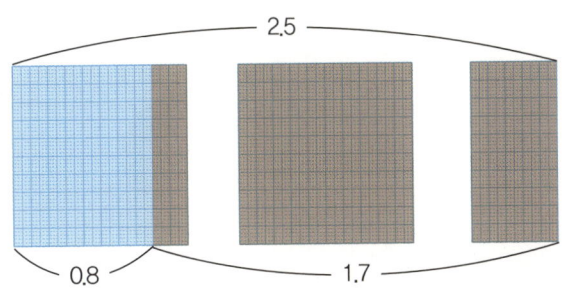

마찬가지로 수직선에서 0.1이 몇 번인지를 세어 해결할 수도 있어요.

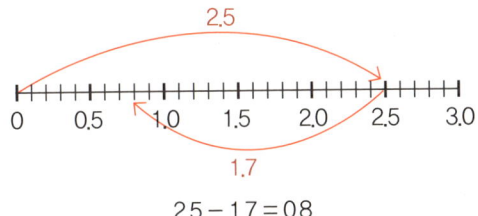

$$2.5 - 1.7 = 0.8$$

> ● **소수의 뺄셈**
> 소수의 뺄셈을 할 때 소수점끼리 맞추어 세로셈을 만들면 자연수의 뺄셈 원리와 같은 방법으로 계산할 수 있어요.

또한 소수점의 위치를 이용하여 자릿수를 맞추고 세로셈으로 나타내어 계산할 수 있어요. 자연수의 뺄셈 원리를 이용해서 낮은 자릿수부터 차근차근 계산해 보세요.

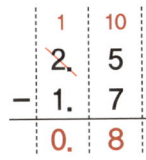

 **도전! 개념 활용**

다음을 계산해 보세요.

(1) 2.8 – 1.5

(2) 4.1 – 2.7

6.82 - 1.4는 어떻게 계산해요?

 소수의 뺄셈을 할 때는 기본 단위가 몇 개인지 세어 봐요.

〈정답〉 (1) 1.81 (2) 1.77

 "0.6 - 0.25는 어떻게 계산해요?"

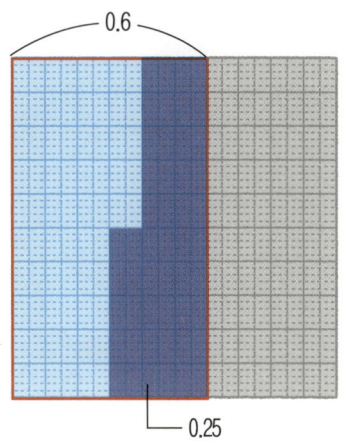

0.6은 0.1이 6개이고, 0.25는 0.01이 25개인 수예요. 따라서 이때는 0.01이 기본 단위여야 문제를 해결할 수 있어요. 즉, 0.6 은 0.01이 60개, 0.25는 0.01이 25개인 수이므로 60 − 25 = 35 이고, 0.01이 35개인 0.35가 답이 되지요.

이번에는 모눈종이를 이용해 볼까요? 전체 사각형의 크기는 1 이고 모눈 1칸의 크기는 0.01이에요.

0.6은 0.01이 60개이고, 0.25는 0.01이 25개인 수이지요. 따라서 0.6 − 0.25는 0.01이 35개인 수이므로 0.35입니다.

또한 소수점의 위치를 이용해 자릿수를 맞추고 세로셈으로 계산하면 자연수의 뺄셈의 원리와 같은 방법으로 해결할 수 있답니다.

자연수의 뺄셈	소수의 뺄셈

자연수의 뺄셈

십의 일의
자리 자리

```
    5  10
    6   0
 −  2   5
 ───────
    3   5
```

소수의 뺄셈

소수 소수
첫째 둘째
자리 자리

```
       5  10
 0.  6   0
−0.  2   5
 ──────────
 0.  3   5
```

소수점을 이용하여 자릿수를 맞춰.

다음을 계산해 보세요.

(1) 2.35 − 0.54

(2) 3.02 − 1.25

소수점끼리 맞춰서 계산하라고요?

소수점끼리 잘 맞추기만 하면 쉽지.

다음을 계산하시오.

13.4 - 2.53 + 4.562

엥?

소수점끼리 어디에 맞추라는 거야?

박사님, 소수점을 맞추라는 게 무슨 말이죠?

아… 그게?

기본 단위를 맞추면 소수점끼리 위치가 맞게 되지.

이걸 소수점을 맞춘다고 한단다.

?

어떻게요?

13.4 - 2.53 + 4.562를 계산하려면 기본 단위를 무엇으로 하면 좋을까?

그야 소수 세 자리 수가 있으니까 0.001이죠.

그럼 모두 세 자리 수로 만들어 볼까?

자릿값에 이렇게 0을 넣으면 되죠?

13.4　➡　13.400
2.53　➡　2.530
4.562　➡　4.562

이제 세로셈으로 풀어 보렴.

아하! 정말 소수점끼리 세로로 줄이 맞아요.

```
  2  10
     3 10
13.400      10 870
- 2.530    - 4.562
─────────  ─────────
10 870     15 432
```

소수의 덧셈, 뺄셈에서는 소수점을 일렬로 맞추렴.

오~ 박사님 윗단추가 소수점으로 보인다!

세로정렬

소수의 덧셈과 뺄셈을 할 때는 기본 단위를 맞추면 소수점이 일렬로 맞춰져요.

〈정답〉 (1) 4.59 (2) 7.804

 "소수의 덧셈은 꼭 세로셈으로 고쳐 풀어야 해요?"

꼭 세로셈으로만 계산해야 하는 것은 아니에요. 가로셈으로 계산할 때는 자연수 부분과 소수점 이하 부분을 각각 계산한 다음 더하면 돼요.

$$3.5 + 2.73 = 3 + 0.5 + 2 + 0.73 = 6.23$$

5

1.23

6.23

> ● **소수의 계산 방법 익히기**
> ① 소수의 덧셈과 뺄셈 문제를 많이 풀어 봅니다.
> ② 자신이 푼 과정을 말로 설명해 봅니다.
> ③ 식을 문장으로 만들어 봅니다.
> ④ 다른 사람이 푼 방법에 대하여 서로 묻고 답하는 기회를 갖습니다.

가로셈을 세로셈으로 바꾸는 가장 중요한 이유는 자릿수를 맞추기 위해서예요. 소수는 소수점이 있으므로 소수점끼리 자릿수를 맞춰요. 소수점을 맞추면 자릿수가 맞춰진답니다.

①
$$1.2 + 0.7 = \Box \quad \Rightarrow$$

```
  1. 2
+ 0. 7
```

②
$$5.34 - 3.2 = \Box \quad \Rightarrow$$

```
  5. 3 4
- 3. 2 0
```

②에서처럼 3.2를 3.20과 같이 나타내면 소수의 자릿수를 익히는 데 도움이 돼요.

소수점을 이용해 자릿수를 맞춰 세로셈으로 나타냈다면 이제 자연수 연산과 마찬가지로 같은 자리의 수끼리 더하거나 빼면 돼요. 받아올림이나 받아내림이 있는 경우도 자연수의 연산과 같이 계산하면 되지요.

 **도전! 개념 활용**

다음을 계산해 보세요.

(1) 5.4 + 1.75 − 2.56

(2) 13 − 5.43 + 0.234

직각, 수직, 수선이 다 뭐예요?

음… 거시기, 너흰 모두 같아 보이는데

차이가 도대체 뭐니?

박사님, 직각, 수직, 수선이 뭐가 다른 거예요?

직각=수직=수선

말이 좀 어렵지?

3학년 때 배웠지? 두 직선이 만나서 이루는 각이 90°인 각이 직각이라고.

네.

직각

직각

그럼 수직은요?

두 직선을 직각이 되게 그려 보렴.

영차~

이렇게 직각을 이루며 두 직선이 만나면 '두 직선은 수직이다'라고 한단다.

그리고 이때 한 직선을 다른 직선에 대한 수선(수직인 직선)이라고 해.

하~!

두 직선은 수직

수선

직각

수선

그러니까 두 직선을 '직각'으로 그리면

두 직선은 서로 '수직'이고

한 직선은 다른 직선에 대해 '수선'인 거네요.

하하하

쉽구만!

직각

수직

수선

직각을 이루는 두 직선은 서로 수직이고, 한 직선은 다른 직선에 대한 수선이에요.

 "직선을 많이 그리면 두 직선이 여러 가지 각을 이루고 만나게 돼요."

종이 위에 직선을 많이 그리다 보면 '두 직선이 포개지는 경우', '두 직선이 만나지 않는 경우', '두 직선이 한 점에서 만나는 경우'가 만들어져요.

두 직선이 포개지는 경우　　　두 직선이 만나지 않는 경우　　　두 직선이 한 점에서 만나는 경우

'두 직선이 한 점에서 만나는 경우'를 여러 개 그리고, 각도기나 삼각자를 이용하여 그중에서 직각을 찾아보세요.

두 직선이 만나서 이루는 각이 '직각'일 때 두 직선은 서로 '수직'이고, 두 직선이 서로 수직일 때 한 직선을 다른 직선에 대한 '수선(수직인 직선)'이라고 해요.

다음 그림을 보고 수직인 관계를 설명해 보세요.

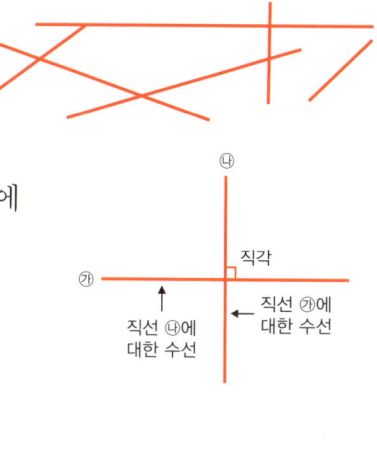

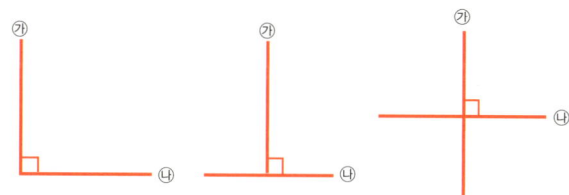

 "직선 ㉮와 직선 ㉯는 서로 수직이에요. 직선 ㉯에 대한 수선은 직선 ㉮이고, 직선 ㉮에 대한 수선은 직선 ㉯입니다."

직각, 수직, 수선을 설명해 보세요.

수선을 어떻게 긋죠?

음~ 똑바르군.

수선을 그어 보세요.

손으로 그으면 어떻게 해.

수선을 그을 때 꼭 자를 사용해야 하나요?

초등학교에서는 곧은 선을 그을 때 자를 이용해야 하지.

직각으로 긋기 위해서는 직각삼각자나 각도기 등도 필요하단다.

그렇게까지 복잡하게 그려야 해요?

복잡하지 않아. 직각이 되게 그리기만 하면 되니까.

먼저 직각 삼각자로 그려 보자.

아! 직각이 중요하군요!

직각

각도기로 그린다면 각도기의 중심을 맞출 점부터 찍고 그리면 돼.

히히~

이렇게 그릴수도 있겠네요.

호오~ 대단한데?

두 직선이 직각을 이루어야 수선이 돼요.

"자와 각도기로 수선을 어떻게 그어요?"

수선의 성질을 이해하려면 수선을 그어 보는 활동이 필요해요. 직접 해 보면 수선의 성질을 더 잘 알 수 있어요.

(1) 직각삼각자 이용하기

① 직선을 하나 긋는다.

② 직각삼각자의 직각 부분을 ①의 직선에 맞추고 직각으로 만나는 직선을 긋는다.

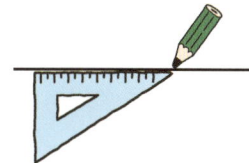 

(2) 각도기 이용하기

① 직선 ㉮를 긋고 직선 위의 아무 곳에 점 ㄱ을 찍는다.

② 각도기의 중심을 점 ㄱ에 맞추고 각도기의 밑금을 직선 ㉮에 맞춘다.

③ 각도기에서 90°가 되는 곳에 점 ㄴ을 찍고, 점 ㄱ과 점 ㄴ을 직선으로 잇는다.

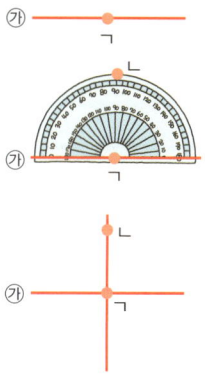

> **● 도형 그리기**
>
> 수선 긋기, 도형 그리기 등의 활동을 작도라고 해요. 초등학교에서 작도는 삼각자, 각도기, 컴퍼스 등의 사용법을 익히고 도형의 성질을 이해하는 데 도움을 주지요.

도전! 개념 활용

수선을 그어 보세요.

만나지 않으면 평행선 아니에요?

박사님! 두 선이 만나지 않으면 평행한 거죠?

그래서 이것도 평행 맞지요?

평행선은 직선이니까. 조금 더 이어서 그려 봐야지.

어? 만나네.

그럼 평행선이 뭐예요?

한 직선에 수직인 2개의 직선이 있으면 그 두 직선은 만나지 않겠지.

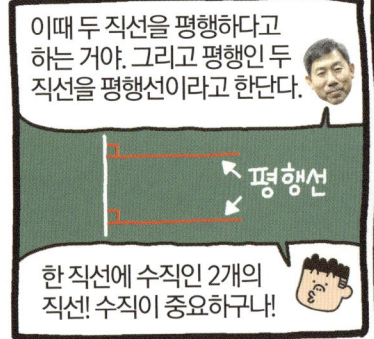

이때 두 직선을 평행하다고 하는 거야. 그리고 평행인 두 직선을 평행선이라고 한단다.

한 직선에 수직인 2개의 직선! 수직이 중요하구나!

근데 평행이 평행선과 같은 것 아닌가요?

왜 선이라는 말을 붙여요?

둘을 같다고 할 순 없단다. 평행은 만나지 않는 상태를 말하는 것이고, 평행선은 두 직선을 말하는 거야.

그렇구나….

서로 만나지 않는 상태를 평행이라 하고, 평행한 두 직선을 평행선이라고 해요.

〈정답〉 책장, 아파트의 외관, 문살 등

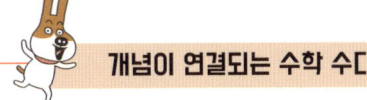

기찻길이 서로 만나면 어떻게 될까요? 기차가 더 갈 수 없 겠지요. 기찻길과 같이 서로 만나지 않는 두 직선을 주변에 서 찾아보세요.

  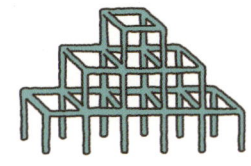

● **입체 공간에서의 평행선**
생활에서 만나지 않는 두 직선을 찾을 때는 평평한 면 위에 있는 것만 다루어야 해요. 우리가 사 는 3차원 입체 공간에는 만나지 않아도 평행이 아닌 직선이 있으 니까요.

 "건물 유리창, 식탁, 책상, 책, 놀이터의 정글짐 등에서 볼 수 있어요."

한 직선에 수직인 두 직선을 그었을 때, 두 직선은 서로 만나지 않 아요. 서로 만나지 않는 두 직선을 '평행'하다고 하며, 평행한 두 직선 을 '평행선'이라고 해요.

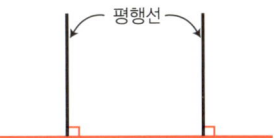

 "그런데 기찻길을 실제로 보면, 저 멀리서 만나는 것처럼 보여요."

그것은 원근감으로 인한 착시 현상이에요. 어떤 물체가 주변의 영향으로 시각적 착각을 일으켜 실제와 다르게 보이는 현상이지요.

다음 4개의 평행선에 사선을 그어 보세요. 평행선으로 보이던 것 이 사선을 그은 후에는 평행하지 않은 것처럼 보일 거예요.

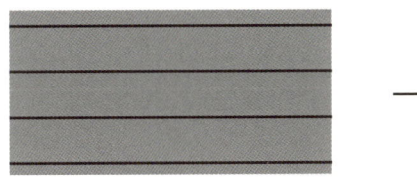 →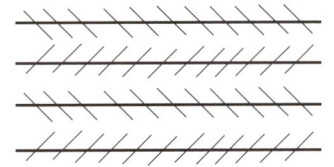

 **도전! 개념 활용**

우리 주변에서 평행선을 찾아보세요.

평행선을 그으려면 직각삼각자가 2개 필요해요.

직각삼각자를 이용하여 점O를 지나고 직선 '가'와 평행한 직선을 그어 보세요.

· O

———— 가

어? 직각삼각자가 2개 필요한데 왜 하나만 주지?

직각삼각자 하나만 가지고도 평행선을 그을 수 있나?

직각 삼각자 두개 필요

평행선을 긋는 방법은 여러 가지야. 직각삼각자를 쓰는 이유는 직각을 이용하여 수선을 긋기 위해서란다.

수선...

그럼 수선을 그을 수 있는 것은 뭐든 가능한가요?

그렇지.

직각삼각자 하나로 그리려면 이렇게 하면 되지.

우와 신기!

각도기를 사용할 수도 있겠네요.

그렇지.

방안자, T자를 이용하는 방법도 있어요.

수리수리 마수리

맹렬 맹렬

잘 이해했구나.

부담...

평행선을 그을 때는 직각이 있는 물건을 이용하여 수직으로 선을 그어요.

평행선을 직접 그어 보면 더 잘 이해할 수 있어요.
먼저 직각삼각자를 이용하여 '주어진 직선에 평행한 직선'을 그어 보세요.

● **평행한 두 직선의 성질**
평행한 두 직선 사이의 간격은 항상 같아요. 또 평행한 두 직선은 아무리 연장해도 만나지 않아요.

① 직선 ㉮를 긋는다.

② 직선 ㉮에 직각삼각자를 놓고 수선을 긋는다.

③ 직각삼각자로 그린 직선 ㉯에 다시 직각삼각자를 놓고 수선을 긋는다.

④ 그려진 두 직선이 평행인지 확인한다. 삼각자의 한 변에 대해 주어진 직선과 그은 직선이 각각 수직이면 두 직선은 평행한 것이다.

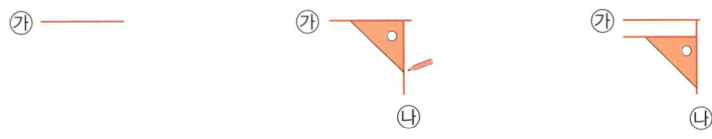

이번에는 '주어진 점을 지나며 주어진 직선에 평행한 직선'을 그어 보세요.

① 점 ㅇ을 지나고 직선 ㉮에 수직인 직선을 긋는다.

② 점 ㅇ에 직각삼각자의 꼭짓점을 댄 후, ①의 수선에 직각삼각자를 놓고 직선을 긋는다.

③ 그려진 두 직선이 평행인지 확인한다.

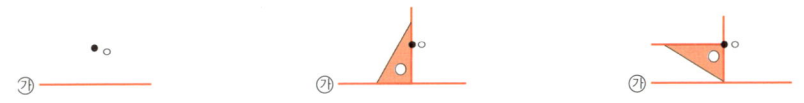

 **도전! 개념 활용**

직각삼각자를 이용하여 평행선을 그어 보세요.

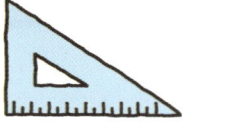

평행선 사이의 거리가 잴 때마다 달라요.

 **평행선 사이의 거리는 평행선 사이 수선의 길이예요.**

평행선 사이에 수직인 선분과 수직이 아닌 선분을 여러 개 긋고 길이를 재어 가장 짧은 선분을 찾아보세요.

● **평행선 사이의 거리**
'거리'는 가장 짧은 길이를 뜻해요. 두 점 사이의 거리는 두 점을 직선으로 잇는 선분의 길이예요. 평행선 사이의 거리도 가장 짧은 것이어야 하므로 수선의 길이가 되지요.

"평행선에 수직인 선분이 가장 짧아요."

평행선 사이 수선의 길이를 '평행선 사이의 거리'라고 해요.

평행선 사이의 거리가 4cm가 되도록 평행선을 그어 보세요.

① 직선 ㉮에 수직인 직선 ㉯를 긋고 직선 ㉮에서 4cm가 되는 곳에 점 ㅇ을 찍는다.

② 점 ㅇ에 직각삼각자의 꼭짓점을 댄 후, 직각삼각자로 직선 ㉯에 수직인 직선을 긋는다.

③ 평행선 사이의 거리를 재어 4cm인지 확인한다.

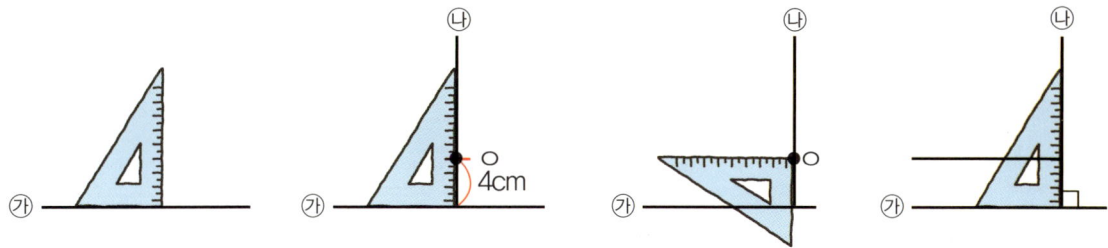

도전! 개념 활용

평행선 사이의 거리가 5cm가 되도록 평행선을 그어 보세요.

수직과 평행은 어떻게 사용돼요?

전통 문화 전시회

(문제)계절에 따라 비치는 태양의 각도는 다릅니다. 우리나라에서 태양의 각도는 여름철에는 70°, 겨울철에는 30°도가 됩니다. 우리 조상들은 한옥의 처마를 이용하여 여름에는 햇빛을 막아주고 겨울엔 집안 가득히 햇빛이 들어오게 하여 따뜻하게 해주었습니다.

70°

30°

한 국 의 지 혜

여기 어디에 수직과 평행이 사용됐다는 거야?

한옥 처마랑 수직과 평행이 무슨 상관이 있죠?

한옥의 처마는 비도 막아 주지만 햇빛도 막아 줘. 이때 수직과 수평의 원리가 쓰이지.

어떻게요?

자, 봐. 겨울에는 태양의 고도가 낮지.

햇빛이 많이 들어오게 하려면 어떻게 해야 할까?

아파트처럼 처마를 없애면 햇빛이 많이 들어오겠죠.

그렇지.

그런데 반대로 여름에는 태양 고도가 높지. 이땐 햇빛이 방 안에 적게 들어오면 좋겠지?

음….

그럼 처마를 길게 만들어 햇빛이 못 들어오게 해야죠.

그렇지!

평행선과 수선을 이용하면 가장 적당한 처마 길이를 구할 수 있어.

조상님들 짱!

평행선과 수선을 이용하면 도형 문제를 쉽게 해결할 수 있어요.

〈정답〉 70°

 "수직과 평행을 이용해 각도 구하는 문제를 어떻게 해결해야 할지 잘 모르겠어요."

문제에 따라 가능한 방법을 찾아야겠지만 일반적으로 가상의 선분을 긋고 직각삼각형의 직각이 90°임과 삼각형의 세 각의 크기 합이 180°, 사각형의 네 각의 크기 합은 360°, 평각의 크기는 180°임을 이용하여 알 수 있는 각의 크기부터 찾아 가면서 해결할 수 있어요.

다음 문제를 같이 해결해 봐요.

직선 ㄱㄴ과 직선 ㄷㄹ이 서로 평행할 때 각 ㅁㅂㅅ의 크기는 얼마인가?

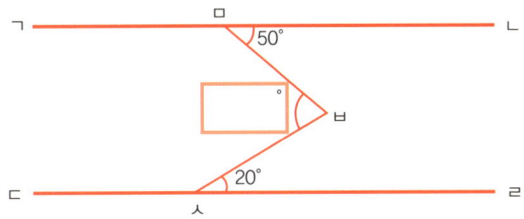

① 평행선 사이 점 ㅅ에서 수선을 긋는다.

② 각 ㄱㅁㅂ의 크기를 구한다. 180° − 50° = 130°

③ 각 ㅂㅅㅇ의 크기를 수선을 이용하여 구한다.

　90° − 20° = 70°

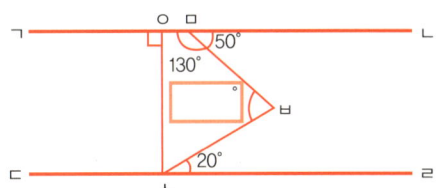

④ 사각형의 네 각의 크기의 합은 360°이므로 사각형

　ㅁㅂㅅㅇ에서 70° + 130° + 90° + □ = 360°이다. 따라서 각 ㅁㅂㅅ의 크기는 70°이다.

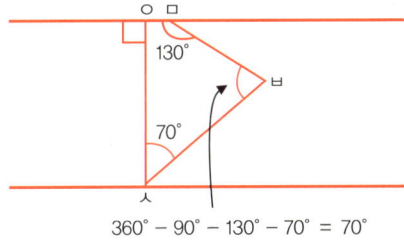

360° − 90° − 130° − 70° = 70°

직선 ㄱㄴ과 직선 ㄷㄹ이 서로 평행할 때 각 ㅁㅂㅅ의 크기를 구하세요.

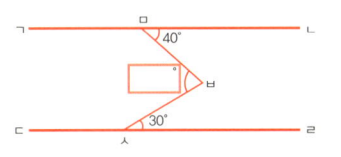

사다리와 사다리꼴은 무슨 관계예요?

1쌍의 마주 보는 변이 평행한 사각형을 사다리꼴이라고 해요.

"직사각형에는 평행한 변이 2쌍 있으니, 직사각형도 사다리 꼴이에요?"

1쌍의 평행한 변이 있으니 직사각형도 사다리꼴이지요.

"그럼 직사각형 모양의 종이테이프를 그림과 같이 직선으로 잘랐을 때 만들어진 사각형은 모두 사다리꼴이 돼요?"

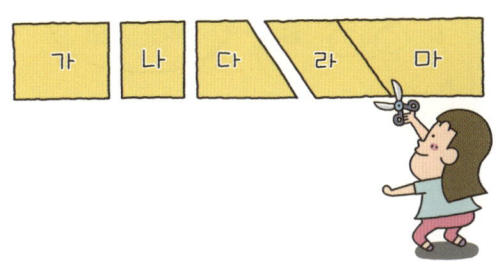

● **도형 판(지오보드)**
점판이라고도 하며, 돌기에 고무 줄을 걸어 도형을 만들 수 있는 판이에요. 고무줄은 잘 늘어나기 때문에 변의 길이를 바꾸는 것이 용이하지요. 도형을 만든 후 고무 줄을 늘이거나 줄이며 변의 길이에 변화를 주는 과정에서 직사각형과 사다리꼴 사이의 관계를 이해할 수 있어요.

모두 사다리꼴이지요. 잘렸어도 직사각형의 평행한 위아래 변을 그대로 갖고 있으니까요.

책에서는 보통 평행한 변을 가로나 세로로 보여 주는데, 도형 판에서 사각형을 만들면 비스듬하게 나오는 경우가 있어요. 비스듬해도 1쌍의 마주 보는 변이 평행하면 사다리꼴이랍니다.

도전! 개념 활용

모눈종이에 다양한 모양의 사다리꼴을 그려 보세요.

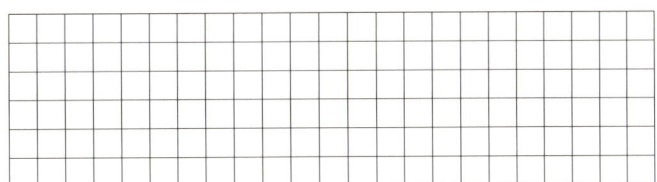

네 변이 평행해야 평행사변형 아닌가요?

마주 보는 2쌍의 변이 서로 평행한 사각형을 평행사변형이라고 해요.

〈정답〉(1) 4, 3 (2) 60, 120

점 종이에 평행사변형을 여러 개 그려 볼까요?

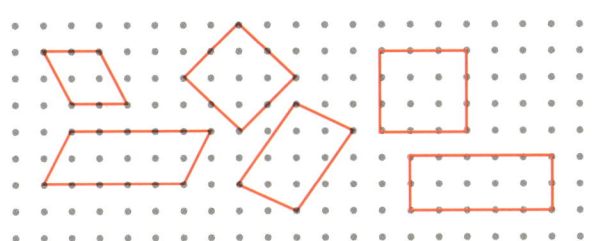

● 점 종이(종이 점판)
규칙적으로 점이 찍혀 있는 종이
로, 점 종이를 이용하면 평행 관
계나 길이를 효율적으로 나타낼
수 있어요. 워드프로세서로 만들
어 사용할 수도 있답니다.

이 도형들이 평행사변형인 이유는 마주 보는 2쌍의 변이 평행하기 때문이지요.

평행사변형의 성질을 알아보기 위해 평행사변형의 각의 크기와 변의 길이를 재어 보면, 마주
보는 두 각의 크기가 같고, 마주 보는 두 변의 길이가 같음을 알 수 있어요.

• 평형사변형의 성질

① 마주 보는 두 변의 길이는 서로 같다.　　② 마주 보는 두 각의 크기는 서로 같다.

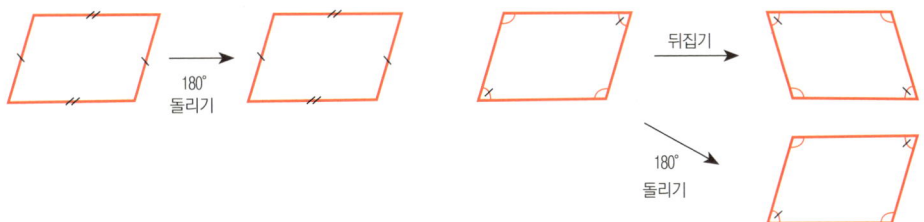

 도전! 개념 활용

평행사변형을 보고 빈칸에 알맞은 수를 써넣으세요.

(1)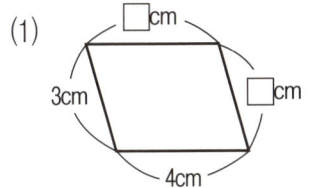

(2)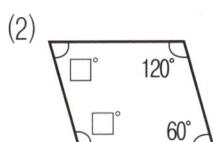

마름이 무엇인데 마름모라고 하나요?

사각형 중에서 네 변의 길이가 같은 사각형을 마름모라고 해요.

마름 모

마름모는 마름 모양의 사각형이라는 뜻인가?

사다리꼴은 사다리 모양이잖아요. 그럼 마름모는 마름 모양인 거예요?

맞아. 마름 모양이라고 해서 마름모야.

마름이 뭐죠?

마름은 물에 사는 식물이란다. 예전에는 길가 웅덩이나 연못에서 흔히 볼 수 있었지.

잎이 다이아몬드예요.

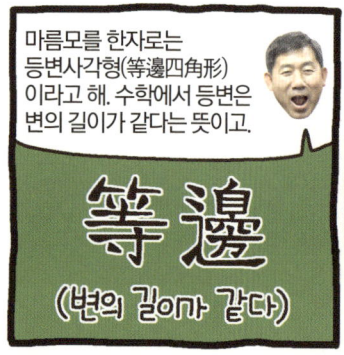

마름모를 한자로는 등변사각형(等邊四角形)이라고 해. 수학에서 등변은 변의 길이가 같다는 뜻이고.

等 邊
(변의 길이가 같다)

식물의 잎은 햇빛을 많이 받아야 해서 겹치지 않고 빈틈이 적어야 하지.

빈틈이 적다

아! 마름이 딱 그런 모양이네요.

식물도 수학을 알고 있네요.

나 똑똑하지~

둘다 똑똑해!

네 변의 길이가 모두 같은 사각형을 마름모라고 해요.

 "다이아몬드 모양 말고 정사각형도 마름모예요?"

마름모는 네 변의 길이가 같은 사각형이에요. 따라서 정사각형도 마름모예요. 그렇다면 마름모는 평행사변형일까요?

마주 보는 2쌍의 변이 서로 평행하므로 마름모는 평행사변형이에요. 평행사변형 중 네 변의 길이가 같은 특별한 경우에 마름모가 되는 것이지요. 실제 마름모의 마주 보는 변의 길이와 마주 보는 각의 크기를 재어 보면 각각 같음을 알 수 있어요. 또 여러 가지 마름모에 대각선을 그리고, 대각선의 길이와 각의 크기를 재어 보세요. 두 대각선은 항상 수직으로 만나고 한 대각선은 다른 대각선을 반으로 똑같이 나눈답니다.

● 마름

'마름'은 연못이나 늪에 사는 수생 식물로, 그 잎이 네모난 모양을 하고 있어요. 즉, 마름 모양의 도형이라서 마름모라는 이름이 붙었답니다.

• 마름모의 성질

① 2쌍의 마주 보는 변이 서로 평행하다.

② 마주 보는 두 변의 길이와 두 각의 크기가 같다.

③ 두 대각선이 서로 수직으로 만나고 서로를 반으로 나눈다(수직이등분한다).

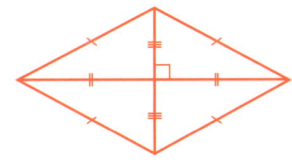

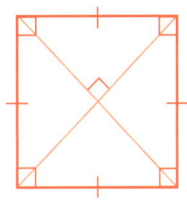

 도전! 개념 활용

점 종이에 마름모를 그리고 대각선을 그어 두 대각선이 수직으로 만나는지 확인해 보세요.

직각이 하나라도 있으면 직사각형 아닌가요?

직각삼각형에는 직각이 하나뿐인데 직각삼각형이라고 하죠?

그렇지.

직각삼각형

그럼 직각이 하나라도 있는 사각형을 직사각형이라고 해야죠?

그렇게도 볼 수 있지.

직각 있음

그런데 삼각형에는 직각이 2개 또는 3개가 있을 수 있을까?

네?

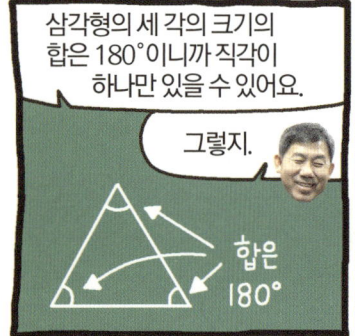

삼각형의 세 각의 크기의 합은 180°이니까 직각이 하나만 있을 수 있어요.

그렇지.

합은 180°

하지만 사각형의 네 각의 크기의 합은 360°야. 네 각이 모두 90°가 될 수 있지.

네 각이 모두 직각이면 직사각형이 되는군요.

합은 360°

맞아. 직사각형은 네 각이 모두 직각인 사각형이란다.

열공

그렇군요. 더 열심히 공부할래요.

직사각형은 네 각이 모두 직각인 사각형이에요.

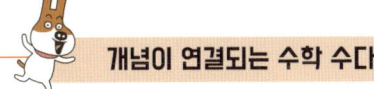

"직사각형은 네 각이 직각이어서 직사각형인데, 1쌍의 변이 평행하니 사다리꼴이기도 하고 2쌍의 변이 평행하니 평행사변형이기도 해요. 대각선을 그리면 두 대각선의 길이가 같으면서 다른 대각선을 이등분하기도 하고요."

그게 바로 직사각형의 성질이에요. 잘 설명해 주었어요.

정사각형은 어떨까요? 종이를 이용해 직접 만들어 봐요.

A4 종이를 그림과 같이 접어 선을 따라 잘라요. 이렇게 만들어진 사각형이 정사각형임은 아주 쉽게 알 수 있어요.

먼저 종이를 대각선으로 접으면 네 변의 길이가 같아요. 마주 보는 변이 맞닿게 접으면 네 각의 크기가 같고요. 또 사각형의 네 각의 크기의 합은 $360°$이므로 이를 4로 나누면 한 각은 $90°$(직각)예요.

> ● 도형의 성질
> 직사각형, 사다리꼴, 평행사변형 등의 도형을 약속한 후에는 그 성질을 잘 알아야 해요. 도형의 성질은 도형을 그리고(제작하거나 작도하고),정당화하는(왜 맞고 틀린지 이유를 밝히며 설명함으로써 증명하는) 데 기초가 되기 때문이에요.

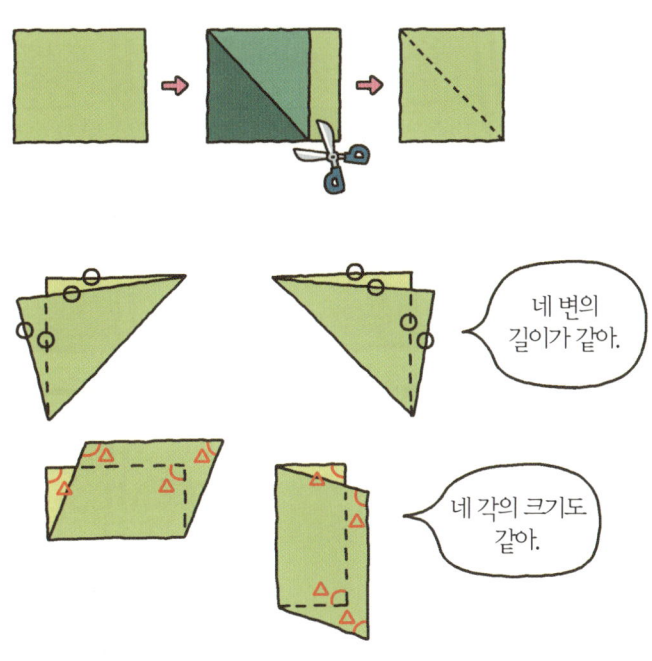

네 변의 길이가 같아.

네 각의 크기도 같아.

도전! 개념 활용

A4 종이를 이용하여 정사각형, 직사각형을 만들고 종이 접기를 통해 성질을 확인해 보세요.

꺾은선그래프가 왜 필요해요?

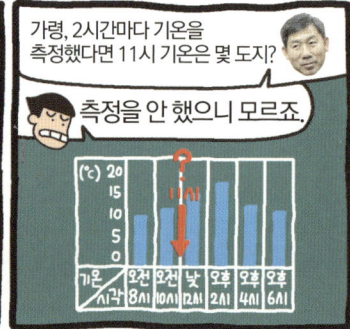

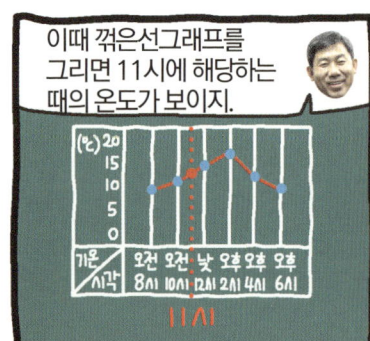

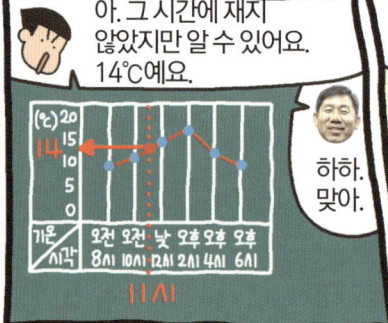

연속적으로 변화하는 양은 꺾은선그래프로 나타내요.

〈정답〉 온도 변화, 식물의 성장, 인구 변화 등

 "꺾은선그래프와 막대그래프의 같은 점은 뭐예요?"

다음은 같은 표를 막대그래프와 꺾은선그래프로 나타낸 것이에요.

두 그래프 모두 세로에는 기온을 조사한 값을 나타냈고 가로에는 시각을 나타냈어요. 또 세로의 눈금 1칸은 1℃를 나타내요.

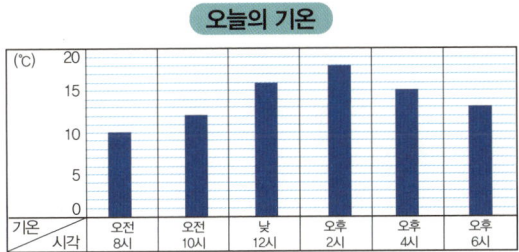

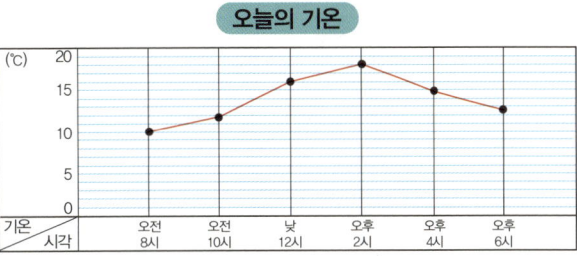

다른 점은 조사한 기온을 막대그래프는 막대의 길이로 나타냈고 꺾은선그래프는 점으로 나타내어 연결한 것이에요. 막대그래프는 막대의 길이를 통해 한눈에 비교하기 쉽다는 장점이 있지만 막대가 없는 곳의 값은 알기 어려워요. 그에 반해 꺾은선그래프는 기온을 점으로 찍고 연결하므로 직접 측정하지 않은 시각의 기온 변화를 추측할 수 있다는 장점이 있어요.

● 꺾은선그래프
꺾은선그래프를 이용하면 측정하지 않은 시간의 기온을 추측할 수 있어요.

그래서 꺾은선그래프는 연속적으로 변화하는 수나 양을 나타내는 데 이용돼요. 시간이나 거리, 높이 등의 변화를 나타낼 때 주로 사용한답니다.

 도전! 개념 활용

꺾은선그래프가 사용되는 경우를 찾아보세요.

꺾은선그래프는 어떻게 그려요?

과학 시간에 키운 강낭콩의 키를 꺾은선그래프로 그려 보세요.

큭큭… 나에겐 너무나 쉽당~

날짜	8	9	10	11	12
키(cm)	2	4	7	12	17

가로와 세로를 정해 칸의 크기를 정해 주고

날짜에 맞게 키를 점으로 찍고

자로 점과 점을 연결해 주면 꺾은선그래프 완성~

음~ 크게 보면 그렇지.

그런데 막대그래프를 생각하면서 그릴 때 가끔 이런 실수를 하지.

실수요?

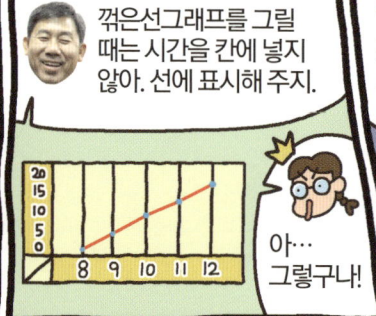

꺾은선그래프를 그릴 때는 시간을 칸에 넣지 않아. 선에 표시해 주지.

아… 그렇구나!

왜 굳이 그래요? 그냥 편하게 막대그래프랑 똑같이 하면 되잖아요?

변화하는 양을 점으로 찍어 나타내기 때문에 그 순간이 중요해. 선 위에 찍어야 한단다.

복잡해 히잉~

꺾은선그래프의 가로 항목은 선을 기준으로 표시해요.

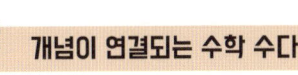

그래프는 알리고자 하는 정보가 잘 드러나도록 그려야 해요. 모눈종이와 자를 이용하여 꺾은선그래프를 그려 봐요.

① 가로 눈금과 세로 눈금을 무엇으로 할지 정한다.

② 세로 눈금의 1칸 크기를 정한다.

③ 가로 눈금과 세로 눈금이 만나는 자리에 조사한 내용을 점으로 찍는다.

④ 점들을 선분으로 연결한다.

⑤ 그래프의 제목을 쓴다.

● 꺾은선그래프 그리기
꼭 순서대로 그릴 필요는 없어요. 경우에 따라 조금 달라지는 부분도 생길 수 있음을 알고 연습합니다. 그래프를 그릴 때는 격자 모양이 있는 종이(모눈종이)에 그리면 편리해요.

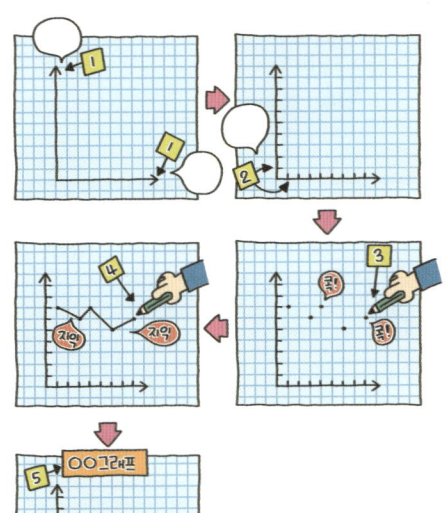

"막대그래프 그리는 순서와 비슷해요. 그럼 눈금의 단위 역시 막대그래프를 그릴 때처럼 수량에 따라 차이가 명확하게 드러나도록 정하면 돼요?"

네, 그렇지요. 과학 시간의 관찰 일기나 나이별 자신의 키를 꺾은선그래프로 나타내어 보세요. 이때 꺾은선그래프로 나타낼 수 있는 자료와 그렇지 않은 자료를 구분해 볼 수 있겠지요.

● 공학도구(이지통계)
직접 그리지 않고 공학도구(이지통계)를 이용하는 방법도 있어요.

 도전! 개념 활용

강낭콩의 키를 기록한 앞의 표를 이용하여 꺾은선그래프를 직접 그려 보세요.

날짜	8	9	10	11	12
키(cm)	2	4	7	12	17

꺾은선그래프로 미래를 예측할 수 있다고요?

꺾은선그래프를 그리고 내년 우리 학교 신입생 수를 예상해 보세요.

쩝…. 미래 일을 어떻게 알아요?

〈신입생 학생수〉

년도	2013	2014	2015	2016	2017
학생수	160	145	130	125	120

꺾은선그래프를 보고 앞으로 일어날 일을 예상할 수 있나요?

정확히는 알 수 없지만 어느 정도 예상할 수 있단다.

2013년부터 현재까지 신입생 수가 어떻게 변해 왔지?

계속 줄고 있어요.

그럼 내년에는 늘어날까? 그대로일까? 감소할까?

계속 줄고 있으니까 줄어들 거 같아요.

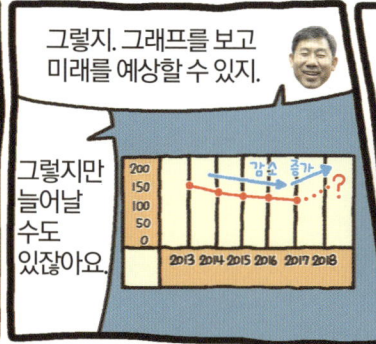

그렇지. 그래프를 보고 미래를 예상할 수 있지.

그렇지만 늘어날 수도 있잖아요.

맞아. 갑자기 인구가 늘어나서 신입생이 늘어날 수도 있단다. 그래서 실제로는 더 많은 요인을 함께 생각해야 해.

음… 매사에 신중

꺾은선그래프를 보고 어떻게 변화할지 예상해 볼 수 있어요.

 "꺾은선그래프를 보고 앞으로의 일을 어떻게 예상해요?"

우리나라의 인구수를 나타낸 꺾은선그래프예요. 그래프를 보면 2010년까지 인구가 꾸준히 증가해 왔어요. 따라서 20년 뒤인 2030년에도 여전히 증가할 것으로 예측할 수 있지요.

그런데 실제로 결혼한 부부들의 자녀 계획을 조사한 결과, 2025년부터는 인구가 줄어들 것으로 예상된다고 해요.

따라서 지금까지 증가했다고 하여 증가세가 마냥 유지될 것으로 예상하면 안 되겠지요.

● 예상과 추리
과학의 탐구 요소에서는 예상과 추리를 구분 지어 사용해요. 추리는 과거 경험, 이미 알고 있는 것을 바탕으로 무슨 일이 일어났는지를 생각하는 것이고, 예상은 과거의 경험과 정보를 이용하여 미래에 어떤 일이 일어날지를 생각하는 것이에요.

〈우리나라의 인구수〉

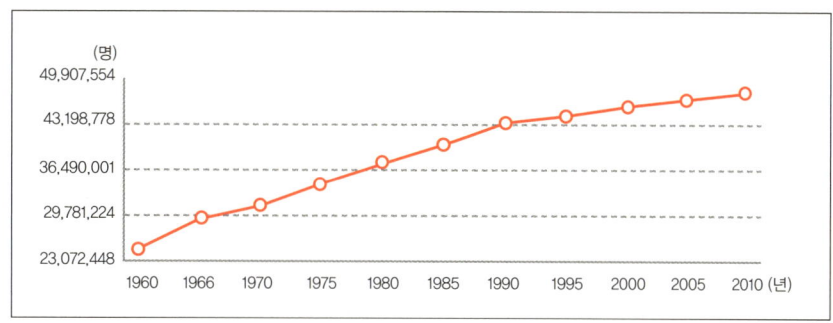

 "앞으로 일어날 일을 예상하려면 꺾은선그래프 외에도 더 많은 근거를 사용해야겠어요."

맞아요. 그래프를 해석하여 결과를 예측하려 한다면 그 가능성을 뒷받침할 수 있는 근거가 있어야 해요.

자료 분석에서는 왜 그렇게 예상했는지를 다른 사람들이 이해하고 인정할 수 있도록 설득하는 일이 중요하고 의미가 크답니다.

도전! 개념 활용

꺾은선그래프를 이용하여 앞으로 어떻게 될지 근거를 들어 예상해 보세요.

≈(물결선)이 왜 있어요?

오잉? 이건 무슨 그래프지?

꺾은선그래프인 것 같은데 중간에 이상한 물결무늬가 있네?

박사님! 이상한 그래프가 나타났어요! ≈, 이게 뭐예요?

하하. 어떻게 생겼는지 잘 따져 봐.

≈을 보면 어떤 느낌이 드니?

찢어 놓은 느낌?

찌익~

맞아. 세로 눈금을 0에서부터 표시하면 이런 그래프가 그려진단다.

뭔가 좀 이상해요. 그래프의 위쪽에 점들이 모여 있어요.

그래서 변화를 뚜렷이 알 수가 없단다.

가운데 부분을 가위로 잘라 내고~

아래 위를 붙이면 이런 그래프가 나오는군요.

그렇지, 허허.

큭큭. 별거 아닌 거에 놀랐네요.

물결선을 사용한 꺾은선그래프에는 변화가 뚜렷하게 나타나요.

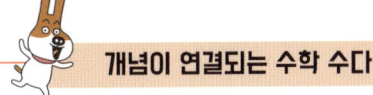

물결선은 그래프에서 불필요한 부분을 없애고 필요한 부분을 확대하기 위해 사용하지요. 꺾은선그래프에 물결선을 넣는 것은 내용을 더 잘 전달하기 위해서예요.

해인이의 키의 변화를 나타낸 다음 두 그래프를 보고, 물결선이 있는 꺾은선그래프와 물결선이 없는 꺾은선그래프에 어떤 차이가 있는지 알아봐요.

● **물결선의 사용**
그래프를 통해 일정 기간 동안 변화가 거의 없다는 사실을 강조하고 싶을 때는 물결선을 사용하지 않아도 돼요. 무엇보다 그래프를 그리는 목적이 무엇인지 따져 보세요.

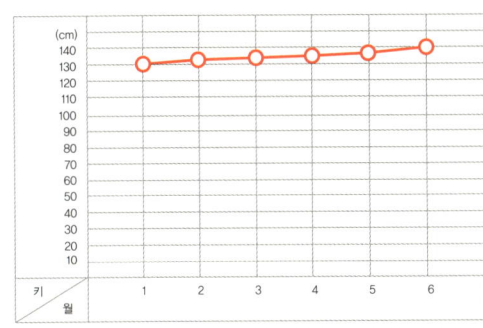

〈해인이의 키의 변화〉

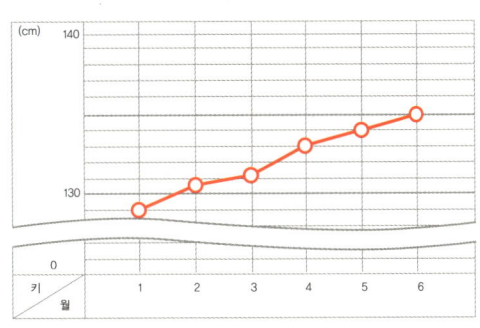

〈해인이의 키의 변화〉

 "자료의 수치는 서로 같은데 눈금의 단위가 달라서 변화의 정도가 다르게 나타났어요."

	≈(물결선)이 없는 꺾은선그래프	≈(물결선)이 있는 꺾은선그래프
공통점	자료의 수치가 같다	
차이점	물결선이 없다	물결선이 있다
	세로 눈금 1칸의 간격이 10cm이다	세로 눈금 1칸의 간격이 1cm이다
	변화하는 모습을 알아보기 어렵다	변화하는 모습이 뚜렷이 보인다

 도전! 개념 활용

물결선이 없는 꺾은선그래프와 물결선이 있는 꺾은선그래프의 공통점과 차이점을 설명해 보세요.

≈을 사용한 꺾은선그래프는 어떻게 그려요?

해인이의 몸무게를 매월 1일 조사한 표입니다. 물결선(≈)을 넣어 꺾은선그래프를 그려 보세요.

그래프를 그려서 잘라야 하나?

〈해인이의 몸무게〉

월	7	8	9	10	11
몸무게(kg)	34.0	34.5	34.5	35.0	35.5

꺾은선 그래프를 그렸는데

어디에서 어디까지를 물결로 나타낼지 모르겠어요.

〈해인이의 몸무게〉

실제로 그려서 자르는 게 아니라 생각만으로 나타내야 하니 어렵단다.

생각만으로~ 음…

가장 작은 값이 얼마지?

34.0이에요.

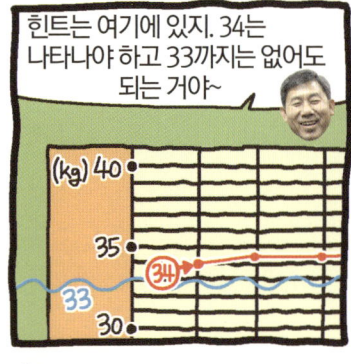

힌트는 여기에 있지. 34는 나타나야 하고 33까지는 없어도 되는 거야~

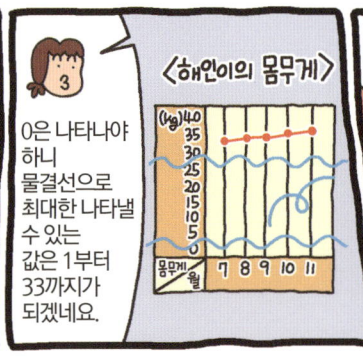

0은 나타나야 하니 물결선으로 최대한 나타낼 수 있는 값은 1부터 33까지가 되겠네요.

〈해인이의 몸무게〉

0.5씩 변화가 있으니 세로 눈금이 0.5 간격이면 변화를 더 잘 나타낼 수 있겠지.

아하~

물결선으로 나타낼 수 있는 값을 생각해 보고 세로 눈금에 물결선을 그려요.

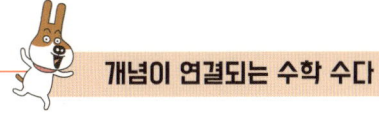

개념이 연결되는 수학 수다

해인이의 체온 변화 기록을 이용하여 물결선을 사용한 꺾은선그래프를 그려 보세요.

〈해인이의 체온 변화〉

시각(시)	9	10	11	12	1	2	3
체온(℃)	36.5	36.7	36.9	37.2	37.4	37.0	36.8

① 가로 눈금은 시각, 세로 눈금은 체온으로 정한다.

② 어디까지 물결로 나타내면 좋을지 생각하여 눈금의 물결을 그린다. 여기서는 36.5℃가 가장 낮은 체온이므로 물결 위에 36℃부터 나타내기로 한다.

③ 세로 눈금의 1칸 크기를 정한다. 여기서는 변화가 잘 나타나도록 1칸을 0.1℃로 정한다.

④ 눈금에 맞게 수를 쓴다. 시작은 꼭 0이어야 한다.

⑤ 가로 눈금과 세로 눈금이 만나는 자리에 조사한 내용을 점으로 찍고 선분으로 연결한다.

⑥ 꺾은선그래프의 제목을 쓴다.

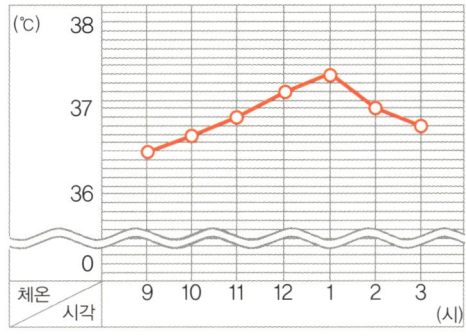

〈해인이의 체온 변화〉

도전! 개념 활용

줄넘기 횟수를 보고 물결선을 사용한 꺾은선그래프를 그려 보세요.

날짜(일)	1	5	10	15	20
횟수(회)	135	138	143	145	149

어느 쪽 그래프가 더 좋아요?

4학년 반별로 스마트폰을 사용하는 학생 수를 나타낸 표예요. 그래프로 나타내어 보세요.

물결선을 넣어서 꺾은선그래프로 나타내면 되겠군!

막대그래프로 나타내야 하지 않을까?

반	1	2	3	4	5
학생 수 (명)	23	25	20	23	24

박사님, 저는 꺾은선그래프가 좋아요. 꺾은선그래프로 그려도 되죠?

그래프에는 여러 종류가 있단다. 자료의 특징을 잘 나타내는 그래프를 그리는 게 중요하지.

자료의 특징이요?

이건 컴퓨터 프로그램에 있는 그래프 종류란다.

세로 막대형
영역형
꺾은선형
분산형
원형
주식형
가로 막대형
표면형

종류가 이렇게나 많아요?

학교에서 이제 2가지를 배운 거지. 앞으로 더 많은 종류를 배울 거야.

새로운 그래프를 만들 수도 있단다. 나폴레옹의 그래프나 나이팅게일의 그래프가 유명해.

나폴레옹의 그래프

나이팅게일의 그래프

나폴레옹, 나이팅게일 같은 분은 수학도 잘하셨네요.

그래프는 자료의 특성에 맞게 그려요.

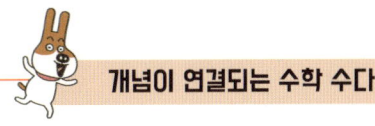
 "한 꺾은선그래프에 여러 가지 내용을 나타낼 수도 있어요?"

꺾은선그래프에 하나의 변화량만 나타내야 하는 것은 아니에요. 여러 개의 변화량을 함께 나타낼 수도 있어요. 다음은 해인이가 매월 저축한 금액이에요. 매월 얼마를 저축했는지, 저축한 돈은 모두 얼마인지를 한눈에 알아보려면 어떻게 하면 될까요?

〈해인이의 저축액〉

월	1	2	3	4
금액(원)	1000	1500	1000	1500

꺾은선그래프에 매달 저축한 돈과 총 저축액을 서로 다른 색으로 나타내면 알아보기 쉬울 거예요.

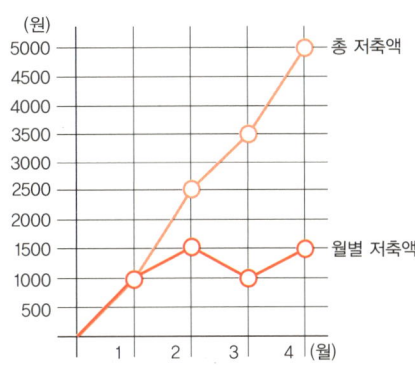

〈해인이의 저축액〉

요즘은 그래프에서 한 단계 더 발전한 인포메이션 그래픽(Information Graphics) 또는 인포그래픽(Infographics)이라는 표현 방법도 사용돼요. 이는 더 많은 정보, 자료 또는 지식을 시각적으로 표현한 것으로, 나폴레옹이 만든 그래프도 인포그래픽의 하나로 볼 수 있어요.

도전! 개념 활용

다양한 꺾은선그래프를 찾아 해석해 보세요.

다변형은 없어요?

 다각형은 선분으로만 둘러싸인 도형이에요.

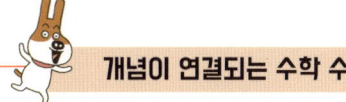

 "선분은 변과 뭐가 달라요?"

선분을 이용해 도형을 만들었을 때, 도형에서 그 선분을 변이라고 불러요. 즉, 선분으로 둘러싸인 도형이 다각형이며, 이 선분들이 떨어지지 않았을 때 다각형이 돼요.

다각형은 변의 수에 따라 변이 6개이면 육각형, 변이 7개이면 칠각형, 변이 8개이면 팔각형 등으로 불리는데, 만약 다각형의 각의 수를 세어 이름을 붙인다면 그림처럼 선분이 떨어진 도형도 삼각형, 사각형이 될 수 있을 거예요.

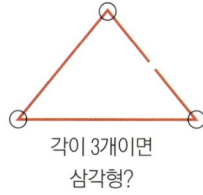

각이 3개이면
삼각형?

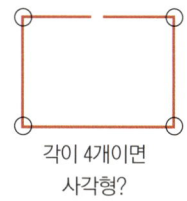

각이 4개이면
사각형?

 "도형을 배울 때는 여러 가지 방법으로 도형을 만들거나 그려 봐야 한다고 들었어요."

도형을 공부하는 데는 두 종류의 다양성이 필요하거든요. 첫째, 시각적 다양성이에요. 예를 들어, 빨대로 만든 삼각형, 젓가락으로 만든 삼각형, 색종이로 만든 삼각형을 보면서 삼각형이 다양하다는 사실을 느끼는 것이지요.

둘째, 수학적 다양성입니다. 직각삼각형에서 변의 길이를 변화시키면 두 변의 길이가 같은 직각이등변삼각형과 세 변의 길이가 모두 다른 직각삼각형이 만들어져요. 이렇게 변의 길이나 각의 크기를 변화시키며 어떤 도형이 만들어지는지 관찰하는 과정에서 수학적 개념이 확실해지고 도형 간의 관계를 이해하게 된답니다.

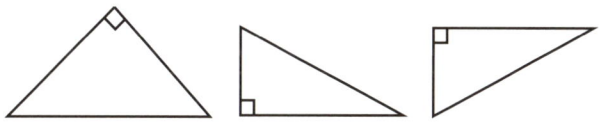

 **도전! 개념 활용**

점 종이에 오각형, 육각형, 칠각형, 팔각형을 그려 보세요.

정다각형은 변의 길이, 각의 크기가 모두 같아요?

 정다각형은 변의 길이가 모두 같고 각의 크기가 모두 같은 다각형이에요

〈정답〉 욕실 타일, 포장지, 단청 등

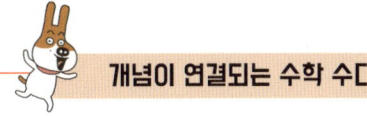

욕실 바닥, 벽지, 보도블록 등에서 같은 모양이 반복되는 것을 볼 수 있는데, 빈틈이나 겹쳐짐 없이 바닥을 완벽하게 덮는 것을 테셀레이션이라고 해요. 변의 길이와 각의 크기가 모두 같은 '정 다각형'으로 테셀레이션을 할 수 있지요.

그런데 1가지 도형만으로 테셀레이션할 수 있는 정다각형은 정삼각형, 정사각형, 정육각형뿐 이에요. 색종이로 다양한 정다각형을 만들어 준비한 다음, 종잇조각을 맞춰 보면서 테셀레이션 이 가능한 도형과 가능하지 않은 도형을 조사해 보세요.

변의 수	정다각형	테셀레이션 가능 여부	한 내각의 크기	각이 모이면
3	정삼각형	O	60°	60° × 6 = 360°
4	정사각형	O	90°	90° × 4 = 360°
5	정오각형	X	108°	
6	정육각형	O	120°	120° × 3 = 360°
7	정칠각형	X	128.57°	

정다각형으로 평면을 가득 채우려면 각 꼭짓점 주위에 모인 각의 크기의 합이 360°여야 해요. 예를 들어, 정오각형은 한 각의 크기가 108°이기 때문에 각 3개의 크기 합이 324°, 각 4개의 크기 합은 432°가 되어 평면을 덮을 수 없답니다.

"저는 테셀레이션을 포장지에서 많이 봤어요. 그런데 테셀레 이션이 수학에서 중요해요?"

테셀레이션은 넓이 개념의 기본이 돼요. 특히 정다각형의 테셀레이션은 넓이의 단위를 만드는 기본 개념이 된답니다.

● 테셀레이션이 가능한 도형
정삼각형, 정사각형, 정육각형이 아닌 도형으로도 테셀레이션을 할 수 있어요. 특히 삼각형이나 사각형은 어떤 모양이라도 만들 어서 붙여 보면 테셀레이션이 된 답니다.

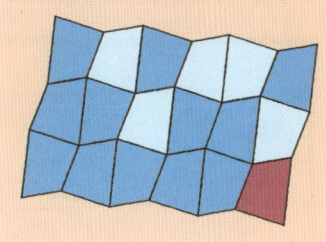

도전! 개념 활용

생활 주변에서 정다각형이 사용되는 곳을 찾아보세요.

대각선이 없는 다각형이 있나요?

 대각선은 다각형에서 이웃하지 않는 두 꼭짓점을 이은 선분이에요.

〈정답〉 14개

 "도형 판에 도형을 만들었는데, 이 도형은 뭐라고 불러요?"

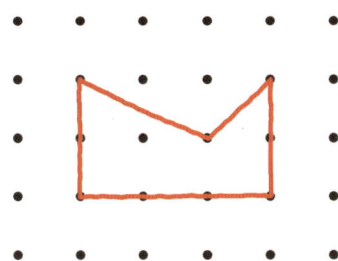

선분으로만 둘러싸인 도형이 다각형이라고 했어요. 이 도형은 변이 5개, 각이 5개이므로 오각형이에요. 그런데 이 오각형은 대각선이 도형의 외부에 있기도 하고 180°보다 큰 각이 있다는 특징을 지녔어요. 이런 특징의 다각형을 오목다각형이라고 합니다.

 "다각형에는 대각선을 몇 개 그릴 수 있어요?"

삼각형에는 이웃하지 않는 꼭짓점이 없으므로 대각선이 없어요.

사각형에는 각 꼭짓점에 이웃하지 않는 꼭짓점이 1개씩 있어 대각선이 4개 그려지지만 2개씩 중복되므로 사각형의 대각선은 2개랍니다.

오각형은 각 꼭짓점(5개)에 이웃하지 않는 꼭짓점이 2개씩($5 \times 2 = 10$) 있어서 총 10개를 그릴 수 있지만 2개씩 중복되므로 오각형의 대각선은 $10 \div 2 = 5$, 즉 5개예요.

결국 다각형의 대각선 개수는 한 꼭짓점에서 그을 수 있는 대각선의 개수와 이웃하지 않는 꼭짓점 개수의 곱을 2로 나누어 구할 수 있어요.

도전! 개념 활용

칠각형의 대각선의 개수를 구해 보세요.

정다각형의 한 각의 크기를 어떻게 구하나요?

정오각형의 한 각의 크기를 각도기로 재어 보지 않고도 구할 수 있어요.

삼각형의 세 각의 크기가 180°라는 것을 이용하면 되지.

각도기 없이 어떻게 가능해?

박사님, 정오각형의 한 각의 크기를 각도기 없이 알 수 있나요?

그럼~

사각형 또는 삼각형을 이용해서 구할 수 있지.

오오, 어떻게 하는 거예요?

한 꼭짓점에서 대각선을 그려 보렴.

이렇게요?

좋아!

이때 삼각형의 모든 각을 합한 것과 정오각형의 모든 각을 합한 것은 크기가 같다고 할 수 있을까?

같아요. 정오각형의 각이 나뉘어서 삼각형의 각을 만들었잖아요.

그렇지! 세 삼각형의 모든 각의 크기는 얼마지?

180°가 3개이니까 당근 540°이지요.

$180° \times 3 = 540°$

자! 정오각형의 5개 각이 540°인 걸 알았으니 구하고자 하는 한 각은?

앗! 540 ÷ 5, 108°예요!

$540° ÷ 5 = 108°$

정말 각도기 없이 삼각형의 개수만으로 알 수 있네요!

정다각형을 사각형이나 삼각형으로 나누면 한 각의 크기를 구할 수 있어요.

〈정답〉120°

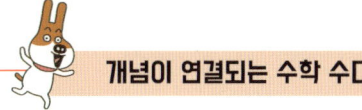
 "다각형의 각의 합을 구할 수 있어요?"

그럼요. 다각형을 삼각형으로 나눈 후, 삼각형의 세 각의 크기의 합이 180°인 성질을 이용하면 모든 다각형의 각의 크기의 합을 구할 수 있어요.

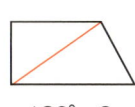

180°×2　　　　180°×3　　　　180°×4

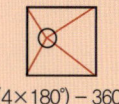
사각형은 삼각형 2개로 나뉘고, 오각형은 삼각형 3개, 육각형은 4개의 삼각형으로 나뉘어요. 즉, □각형은 (□−2)개의 삼각형으로 나뉩니다. 이 규칙을 이용하면 다각형의 모든 각의 합을 구할 수 있어요.

즉, 다각형의 내각의 합은 (□−2) × 180°이고, 정다각형의 한 각의 크기는 {(□−2) × 180°} ÷ □이에요.

	삼각형	사각형	오각형	육각형	…	□각형
꼭짓점의 수(개)	3	4	5	6	…	□
삼각형의 수(개)	1	2	3	4	…	□ − 2
각의 크기의 합	1 × 180°	2 × 180°	3 × 180°	4 × 180°		(□ − 2) × 180°
정다각형의 한 각의 크기	(1 × 180°) ÷ 3	(2 × 180°) ÷ 4	(3 × 180°) ÷ 5	(4 × 180°) ÷ 6	…	{(□ − 2) × 180°} ÷ □

도전! 개념 활용

정육각형의 한 각의 크기를 구하세요.

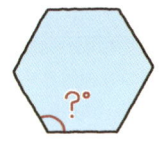

?°

만화 수학교과서 초등 4학년

원작 | 전국수학교사모임 초등수학사전팀
글 | 최수일, 신동호, 김선
그림 | 김석

초판 1쇄 발행일 2018년 12월 10일
개정판 1쇄 발행일 2025년 6월 16일

발행인 | 한상준
편집 | 김민정·손지원·최정휴·김영범
표지 디자인 | 조경규
본문 디자인 | 김성인
마케팅 | 이상민·주영상
관리 | 양은진

발행처 | 비아에듀(ViaEdu Publisher)
출판등록 | 제313-2007-218호(2007년 11월 2일)
주소 | 서울시 마포구 토정로 222 한국출판콘텐츠센터 211호
전화 | 02-334-6123 전자우편 | crm@viabook.kr
홈페이지 | viabook.kr

ⓒ 최수일·신동호·김선·김석, 2018
ISBN 979-11-94348-27-6 73410